東國正韻
동국정운

일러두기

1. 본서에 쓰인 시경, 서경, 주역, 논어, 예기의 원문과 해설은 1984년 한국교육출판공사에서 간행된 책을 표준으로 하여 인용하되, 일부 잘못 표기된 원문과 해석은 다시 수정 번역하여 수록하였다.
2. 본서에 쓰인 황제내경소문의 내용은 1998년 여강출판사에서 간행한 『편주역해 황제내경소문』의 역해를 발췌하였다.

東國正韻
동국정운

훈민정음의 창제 동기와 의의

이재흥 편역

서(序)

옛 은(殷)나라(商)의 천자였던 주왕(紂王)은 술과 여색에 빠져 포학한 짓을 일삼아 학정(虐政)을 행하여 사람들을 곤경에 빠뜨렸다. 이에 서백 창(昌)의 아들 발(發)이 군사들을 이끌고 일어나 주왕을 멸하고 주(周)나라를 창건하였다. 하지만 발은 무인(武人) 출신이라 천도(天道)에 밝지 못해 나라의 운영 방법을 몰라 은나라 말엽의 태사(太師)였던 기자(箕子)를 주나라로 모셔왔다. 기자는 공자가 말한 은나라의 3인의 어진 이(이윤, 부열, 기자) 중 한 사람으로, 천도(天道)에 밝고 주역(周易)의 이치에 통달하였던 분이었다.

발이 "아, 기자여, 하늘은 아래 백성들의 할 일을 미리 정하여 놓고 그들을 살아가면서 서로 돕고 화합하도록 하셨습니다. 그러나 나는 그 하늘의 일정한 윤리의 내용을 알지 못하고 있습니다(嗚呼, 箕子, 惟天陰騭下民 相協厥居 我不知其彝倫攸敘)"라고 기자 어른께 여쭈었다.

이에 기자 어른은 발에게 말하였다.

"내가 듣건대 옛날에 곤(鯀)¹⁾이 홍수를 잘못 막아 그 오행(五行)

1_곤(鯀) : 禹의 父.

을 어지럽혀 놓았다. 요제는 진노하시고 큰 규범 아홉 가지(洪範九疇, 홍범구주)를 내려주지 않아 일정한 윤리가 무너져 내렸다. 곤은 곧 사형을 당하고 우(禹)가 그를 이어 일어나, 하늘은 우에게 큰 규범 아홉 가지를 내리어 일정한 윤리의 규범이 확립되었다(我聞 在昔 鯀陻洪水 汨陳其五行 帝乃震怒 不畀洪範九疇 彛倫攸斁 鯀則殛死 禹乃嗣興 天乃錫禹洪範九疇 彛倫攸敍)."

　　기자는 홍범구주(洪範九疇)의 대법을 발에게 밝혀주고 오늘의 한반도로 건너와 기자조선을 건국하였다. 그리고 국가의 형태를 이루지 못하고 부족 단위로 사람이 살던 곳에 은나라의 법도와 문물제도를 정해 알려주어 점차 나라의 기틀을 갖춘 국가로 발돋움하기 시작하였다. 중국의 상(商)나라가 하(夏)나라를 멸망시키면서 금(金)이 물(水)을 이겼다 하여 그것을 상징하는 징표로 흰색(金의 色)을 숭상하였다. 이러한 연유로 우리나라에 살아온 선대조는 대대로 흰 옷을 입었으며, 그 당시에 즐겨 썼던 보후(黼冔, 『시경』의 〈대아〉 문왕지습 편에 기술되어 있음) 즉 갓(은나라 사람들이 쓰던 관)을 착용하게 되었다.

하지만 그 당시 한반도 사람들 중에는 한자를 아는 이가 없고 문자가 없어 기자가 제정한 문물제도를 글로는 전하지 못하였다. 또한 이후로 국가의 명맥이 계속 이어지기는 하였으나 그 역사의 기록은 중용(中庸)의 천도(天道)를 알지 못하는 사람들이 기술한 것들이라서 그 진위(眞僞)를 밝힐 수가 없다.

고려 말엽, 정치가 문란해져 사람들이 살기가 어려워지게 되자 그 당시에 군사를 통솔하며 나라를 지키던 이성계(李成桂) 장군이 기자의 천도 사상을 이어받아 생각하시고는 조선을 창건하였다. 그 당시에 태조 왕은 정도전을 책사(策士)로 삼으셨는데, 정도전은 나라의 구획을 정비하고 여러 지명을 정하여 태조 왕을 도와 나랏일에 매진하였다. 이때에 조성한 경복궁의 명칭은 『시경(詩經)』에 나오는 〈기취(旣醉)〉의 君子萬年 介爾景福(군자만년 개이경복, 임께서는 천년 만 년! 큰 복 누리소서)이라는 시 구절에서 인용한 것이다.

태조 왕의 뒤를 이어 등극한 태종 왕께서는 용기 있고 날렵한 성품을 가진 분으로 과거를 통하여 인재를 발굴하였다. 각지에서 모인 뛰어난 정운학자들이 과거를 통하여 많은 관위에 올라 정사에

임했고, 이때부터 모든 사람들은 정운학(성리학)에 깊은 관심을 가지고 힘써 공부하게 되었다.

　세종대왕께서 왕위에 오르고 일찍이 정운학에 힘써 공부하던 중 한자 자모를 공부하는 어려움을 통감하고 좀 더 쉬운 방법으로 정운학을 깨우치는 방법이 없을까 고민하던 중에 집현전이라는 특별 운영기관을 만들어 과거시험을 통해 관직에 등용된 여러 정운학자들로 하여금 우리나라 자모를 만들게 하였다.

　천도(天道)를 중히 여긴 정운학자들은 주역(周易)의 이치를 근간으로 해서 연구에 연구를 거듭하여 훈민정음을 창제하였다. 훈민정음 자모는 주역의 이치에 의거하여 천지인(天地人)을 근간으로 하고 오행(五行)[2]을 기본으로 하여 만들었기 때문에, 이 세상에 일어나는 모든 일들을 자모로 나타내지 못할 것이 없다. 그러나 천도의 진의(眞意)를 직접 말이나 글로 전할 수는 없고, 오직 『시경』, 『주역』, 『서경』, 『예기』, 『소학』, 『대학』, 『중용』, 『황제내경소문』 등의 경전을 통해서만 천도(天道)의 진의를 파악할 수 있고 전할 수 있다. 그

2_오행(五行) : 금, 목, 수, 화, 토(金, 木, 水, 火, 土).

리하여 훈민정음으로 경전의 내용을 파악하여, 백성들이 정운학의 이치를 깨우칠 수 있다고 본 것이다.

혼란스럽던 우리나라의 한자음을 바로잡아 통일된 표준음을 정하려는 목적으로 간행된 책이 바로『동국정운(東國正韻)』(세종 30년)이다. 우리나라 한자음의 음운체계 연구뿐만 아니라, 훈민정음의 글자를 만든 배경에 대해서도 적혀 있는 기록이다. 이 책에서는 훈민정음을 창제하게 된 동기가 쓰여 있는『동국정운(東國正韻)』의 서문(序文)을 번역하였다. 서문에는, 잘못된 습관으로 고착되어 전하여 오는 한자음의 표기법을 지금 바로 잡지 않으면 큰 혼란이 와 더욱 심해져서 끝내 바로잡을 수 없는 상황에까지 이를 것이라고 밝히고 있다.

또한 "성인의 도를 밝히려면 마땅히 문장의 의의(意義)를 먼저 알아야 하고, 문장의 의의(意義)를 알기 위한 요점은 곧 마땅히 성운(聲韻)부터 알아야 하는 것이니, 성운은 곧 천도를 배우는 저울과 같은 기준인지라, 또한 어찌 쉽게 깨우칠 수 있겠는가"라고 적고 있다.

이것이 바로 오늘의 한글이 존재하게 된 연유이며, 여러 사람들로 하여금 정운학을 쉽게 배우고 인간의 도리를 바로 알아 사람의 법도를 알려 주려고 하셨던 세종대왕과 집현전 학자들의 뜻이 담긴 것이다.

　필자는 많이 알고 있지는 못하나 꾸준하게 공부한 결과 지금의 상용한자는 일본 한자가 대부분이며, 중국의 자모 또한 주대에 이미 많이 변경되어 전해 오다가 지금의 중국 글자는 간소화되어 번자체와 간자체로 나뉘는 등 더욱 혼동에 빠지게 되었음을 알게 되었다. 이제 천도의 진의를 알 수 있는 방법은 세종조 집현전 학자들이 연구한 성운학을 통해 창제된 한글로 정운학을 연구함으로써 천도의 이치를 알 수밖에 없는 상황에 이르렀다. 세종조와 문종, 단종 시대의 태평성대에 이를 수 있도록 진실한 마음으로 세종조의 문물제도 연구에 얼마간이라도 보탬이 되었음을 바랄 뿐이다.

2011년 10월, 이재홍 삼가 씀

차례

서(序) 4

동국정운 서문(東國正韻 序) 14
동국정운 서문(東國正韻 序) 16

훈민정음해례(訓民正音解例) 34
훈민정음해례(訓民正音解例) 36
증민(烝民) 39

고요모(皐陶謨) 44
고요모(皐陶謨) 46

昌寧 성삼문(成三問) 52
은기뢰(殷其雷) 54
이 몸이 주거 가셔 56
관이율(寬而栗) 57
성삼문(成三問) 筆「記」 60
상고천진론편(上古天眞論篇) 64
오운행대론편(五運行大論篇) 69

平陽 박팽년(朴彭年) 76
작은 별(소성〔小星〕) 78
가마귀 눈비마즈 80

간이염(簡而廉) 81
박팽년(朴彭年) 筆「序」 84
열명(說命) 90

韓山 이개(李塏) 104
房안에 혓는 燭불 106
직이온(直而溫) 107
이개(李塏) 筆「詩」 110
오자지가(五子之歌) 112

順天 김종서(金宗瑞) 116
朔風은 나모긋틱 불고 118
난이경(亂而敬) 119
김종서(金宗瑞) 筆「詩」 122
문후지명(文候之命) 126

文化 유성원(柳誠源) 130
草堂에 일이 업서 132
원이공(愿而恭) 133
대동(大東) 134

杞溪 유응부(兪應孚) 140
간밤의 부던 브람에 142

강이색(剛而塞) 143
하초불황(何草不黃) 144
군자(君子)의 강(强)함 146

晉州 하위지(河緯地) 148
客散門扃호고 150
유이립(柔而立) 151
습상(隰桑) 152

迎日 정몽주(鄭夢周) 154
단심가(丹心歌) 156
요이의(擾而毅) 157
정몽주의 정충대절(精忠大節) 158
둔촌의 권자시(遁村卷子詩) 160
지화명이(地火明夷) 162
몽(夢) 164

順興 안중근(安重根) 166
강이의(彊而義) 169
헌문편(憲問篇) 171
위령공편(衛靈公篇) 173
자한편(子罕篇) 175
옹야편(雍也篇) 177

학명(鶴鳴) 178
　학명(鶴鳴) 180
　뇌화풍(雷火豊) 182
　건위천(乾爲天) 184
　문언전원문(文言傳原文) 186
　강물이 갈라져 흐르듯(江有氾) 188

匪懈堂 안평대군(安平大君) 190
　안평대군(安平大君) 필(筆)「제시(題詩)」 196
　안평대군(安平大君) 필(筆)「기문(記文)」 200

덕행(德行) 206
　선행편(善行篇) 208
　태백편(泰伯篇) 210
　요전(堯典) 212
　술이편(述而篇) 214
　안연편(顔淵篇) 216
　중용(中庸)의 덕(德) 218

도판 목록 219

동국정운 서문(東國正韻 序)

동국정운 서문(東國正韻 序)

天地絪縕[1], 大化流行而人生焉
陰陽相軋, 氣機交激 而聲生焉,
聲旣生焉, 而七音自具,
七音具而四聲亦備,
七音四聲, 經緯相交,
而淸濁輕重深淺疾徐, 生於自然矣.
是故 庖犧 畫卦, 蒼頡 制字,
亦皆因其自然之理, 以通萬物之情,
及至沈陸,
諸子彙分類集, 諧聲協韻,
而聲韻之說始興,
作者相繼, 各出機杼,
論議旣衆, 舛誤亦多,
於是, 溫公 著之於圖,
康節 明之於數,
探賾鉤深, 以一諸說,

[1] 絪縕 : 무명 솜. 즉 천지 간의 음양(陰陽)의 기(氣)가 솜이불처럼 고루 펼쳐져 있음을 비유한 말이다.

하늘과 땅 사이에 음양(陰陽)의 두 기운이 가득하여 크나큰 조화(造化)가 이루어지매 사람이 생기고, 음(陰)과 양(陽)이 서로 마찰을 일으키고 두 기운이 화하여 소리가 생긴다. 소리가 이미 생기니 칠음(七音)이 스스로 갖추어지고, 칠음이 갖추어지매 사성(四聲)이 또한 구비되는지라, 칠음과 사성이 종횡으로 서로 얽히면서 청탁(맑고 흐림), 경중(가볍고 무거움), 심천(깊고 얕음), 질서(빠르고 느림) 등이 자연스럽게 생겨난다. 이러한 까닭으로, 포희(庖犧)씨가 괘(卦)를 그리고 창힐(蒼頡)이 글자를 만들어낸 것 역시 모두 다 자연의 이치에 따라 만물의 실정을 통한 것이다. 심약(沈約)과 육법언(陸法言) 등 여러 선비에 이르러서, 글자를 무리로 나누어 구분하고 동류로 모아서 성(聲, 소리)을 고르게 하고 운율(韻律)을 맞추면서 성운(聲韻)의 학설이 일어나기 시작하였다. 글 짓는 이가 줄을 이어 저마다 각각의 방식을 내보이고, 논의가 많아져 또한 어그러져 그릇됨이 많았는데, 이에 사마온공(司馬溫公)이 그림으로 나타내고, 소강절(邵康節)이 수리(數理)로 밝혀서 숨은 이치를 찾아내고 깊은 이치를 드러내어 여러 설을 통일하였다.

然其五方之音各異, 邪正之辨紛紜,
夫音非有異同, 人有異同,
人非有異同, 方有異同,
盖以地勢別 而風氣殊,
風氣殊而呼吸異,
東南之齒脣, 西北之頰喉是已,
遂使文軌雖通, 聲音不同焉.
矧吾東方 表裏山河, 自爲一區,
風氣已殊於中國,
呼吸豈與華音相合歟
然則語音之所以與 中國異者, 理之然也,
至於文字之音 則宜若與華音相合矣,
然其呼吸旋轉之間, 輕重翕闢之機,
亦必有自牽於語音者,
此其字音之所以亦隨而變也,
其音雖變, 淸濁四聲則猶古也,
而曾無著書 以傳其正,

오방(五方, 동·서·남·북·중앙)의 음(音)이 각각 달라 옳고 그름을 분별함에 있어서 여러 사람들의 의견이 나뉘어 어지러웠다. 무릇 음(音) 자체에 같고 다름이 있는 것이 아니라 사람이 같고 다름이 있고, 사람이 같고 다름이 있는 것이 아니라 사람 사는 방향이 같고 다름이 있는 것이니, 대개 지세(地勢)가 다르면 기후와 풍습이 다르고, 기후와 풍습이 다르면 호흡하는 것이 다르니, 동쪽 사람은 치음(齒, 이)으로 발음하고, 남쪽 사람은 순음(脣, 입술)으로 발음하고, 서쪽 사람은 후음(喉, 목구멍)으로 발음하고, 북쪽 지방의 사람은 양 볼(頰)을 많이 써서 발음하는 것이 곧 이것이다. 드디어 문자와 제도는 비록 통할지라도 성음(聲音)은 같지 않은 것이다. 하물며 우리 동방은 안팎으로 산하가 저절로 한 구획을 이루어 지리와 기후 조건이 이미 중국과 다르니, 호흡이 어찌 중국 음과 서로 같을 수 있겠는가! 그러한 즉, 어음이 중국과 다른 까닭은 당연한 이치이거니와 문자의 음에 이르러서는 마땅히 중국 음과 서로 부합될 것 같으나, 자연히 그 발음이 흘러나오는 사이에 가볍고 무겁게 열리고 합하는 조음(調音)이 또한 반드시 저절로 어음(語音)에 끌림이 있어서, 이것이 곧 또한 글자의 음이 따라서 변하게 된 까닭이니, 그 음(音)은 비록 변하더라도 청탁(淸濁)과 사성(四聲)은 곧 예와 같을 수 있겠지만 일찍이 책을 저술하여 그 바른 것을 전한 것이 없었다.

庸師俗儒不知切字之法,

昧於紐躡之要,

或因字體相似而爲一音,

或因前代避諱而假他音,

或合二字爲一,

或分一音爲二,

或借用他字,

或加減點畫,

或依漢音, 或從俚語,

而字母七音清濁四聲, 皆有變焉.

若以牙音言之, 溪母之字, 太半入於見母,

此字母之變也.

溪母之字, 或入於曉母,

此七音之變也.

我國語音, 其清濁之辨, 與 中國 無異,

而於字音獨無濁聲, 豈有此理.

변변치 못하고 졸렬한 스승과 속된 선비가 문자를 긴요하게 사용하는 방법을 모르고, 한자를 우리나라의 말로 알맞게 풀이하는 데에 어둡고 혹은 글자 모양이 비슷하다고 하여 같은 음(音)으로 하기도 하고, 혹은 전대(前代)의 음훈을 피하고 다른 음(音)으로 빌려 쓰기도 하고, 혹은 두 글자를 합해서 하나로 만들거나, 혹은 한 음을 둘로 나누기도 하며, 혹은 다른 글자를 빌리고, 혹은 점(點)이나 획(劃)을 더하기도 하고 감하기도 하며, 혹은 한음(漢音)을 따르거나, 혹은 속음에 따르거나 하여서, 이리하여 자모(字母)와 칠음(七音), 청탁(淸濁), 사성(四聲)이 모두 변하게 되었다. 가령 아음(牙音)으로 말하면, 계모(溪母)의 글자가 거의 견모(見母)에 포함되었으니, 이것은 자모(字母)가 변한 것이다. 계모(溪母)의 글자가 간혹 효모(曉母)에도 들어가게 되었으니 이는 칠음(七音)이 변한 까닭이다. 우리나라의 어음(語音)도 청탁(淸濁)의 구별이 중국과 다름이 없는데, 우리나라 글자음(字音)에는 오직 탁성(濁聲)이 없으니 어찌 이럴 수가 있겠는가.

此淸濁之變也. 語音則四聲甚明,
字音則上去無別.
質勿諸韻, 宜以端母爲終聲,
而俗用來母, 其聲徐緩,
不宜入聲, 此四聲之變也.
端之爲來, 不唯終聲,
如次第之第′牧丹之丹之類, 初聲之變者亦衆.
國語多用溪母, 而字音則獨夬之一音而已,
此尤可笑者也.
由是字畫訛而魚魯混眞,
聲音亂而涇渭同流,
橫失四聲之經, 縱亂七音之緯,
經緯不交, 輕重易序,
而聲韻之變極矣.

이는 청탁(淸濁)이 변한 것이다. 우리나라 말소리는 사성(四聲)의 구분이 매우 분명한데, 글자 음에는 상성(上聲)과 거성(去聲)의 구별이 없고, '질(質)'의 운(韻)과 '물(勿)'의 운(韻)들은 마땅히 단모(端母)로 종성(終聲)을 삼아야 하는데, 항간에서는 내모(來母)를 사용하여 그 소리가 느리게 발음되므로 입성(入聲)으로는 마땅하지 않으니, 이는 사성(四聲)이 변한 것이다. '단(端)'을 '내(來) 소리'로 발음하는 것은 종성(終聲)만이 아니고 차제(次第)의 '제'와 목단(牧丹)의 '단'과 같은 부류로 초성(初聲)이 변한 것도 많다. 우리나라의 말에서는 계모(溪母)를 많이 쓰지만 글자 음에는 오직 '쾌(夬)'라는 한 음뿐이니, 이는 웃지 못할 일이다. 이에 글자의 획이 와전되어 '어(魚)'자와 '노(魯)'자가 하나로 뒤섞이고, 성음(聲音)이 뒤죽박죽되어 경수(涇水)와 위수(渭水)가 함께 흐르는 듯, 가로(橫)로는 사성(四聲), 세로(縱)로는 칠음(七音)의 기준을 잃게 되어 자모의 기준이 서로 어우러지지 못하고 가볍고 무거움의 차례가 뒤바뀌어, 성운(聲韻)의 변함이 극에 달하였다.

世之爲儒師者, 徃徃或知其失,
私自改之, 以敎子弟,
然重於擅改, 因循舊習者多矣.
若不大正之, 則俞久俞甚,
將有不可救之弊矣.
盖古之爲詩也,
協其音而已, 自三百篇而降,
漢, 魏, 晋, 唐 諸家,
亦未嘗拘於一律,
如東之與冬, 江之與陽之類,
豈可以韻別而不相通協哉.
且字母之作, 諧於聲耳.
如舌頭舌上, 唇重唇輕, 齒頭正齒之類,
於我國字音, 未可分辨,
亦當因其自然, 何必泥於三十六字乎?

세상에 스승이 된 자가 종종 그 잘못된 것을 알고 사사로이 스스로 이를 고쳐서 자제(子弟)들을 가르치고 있으나, 마음대로 고치는 것을 중요하고도 어렵게 여겨 구습(舊習)을 그대로 따르는 이가 많다. 이러한데 만일 크게 바로잡지 않는다면 오래 될수록 더욱더 폐해가 심해져서 장차 바로 잡을 수 없는 폐단이 따를 것이다. 대개 옛적에 시(詩)를 지을 때에는 그 음을 맞추어 삼백편(三百篇, 시경)이 전해 내려와 한(漢)·위(魏)·진(晉)·당(唐)의 모든 학자들도 역시 한결같은 운율에만 구애되지 아니하였으니, '동(東)' 운을 '동(冬)' 운에도 쓰고, '강(江)' 운을 '양(陽)' 운에도 씀과 같은 경우이니, 어찌 운(韻)이 구별된다 하여 서로 통하여 맞추지 못할 것이 무엇이랴. 또 자모(字母)를 만든 것이 소리에 맞출 따름이니, 설두(舌頭)·설상(舌上)과 순중(脣重)·순경(脣經)과 치두(齒頭)·정치(正齒)와 같은 부류인데, 우리나라의 글자 음에서는 이를 분별할 수 없으니, 또한 마땅히 그 자연스러움에 따를 것이지, 어찌 꼭 반드시 36자(三十六字)에 구애될 것이랴.

恭惟我主上殿下崇儒重道,

右文興化, 無所不用其極,

萬機之暇, 慨念及此,

爰命臣 叔舟 及守集賢殿直提學臣 崔恒, 守直集賢殿臣 成三問, 臣 朴彭年, 守集賢殿校理臣 李塏, 守吏曹正郎臣 姜希顏, 守兵曹正郎臣 李賢老, 守承文院校理臣 曹變安, 承文院副校理臣 金曾,

旁採俗習, 博考傳籍,

本諸廣用之音, 協之古韻之切,

字母七音, 淸濁四聲,

靡不究其源委, 以復乎正.

臣等才識淺短, 學問孤陋,

奉承未達, 每煩指顧.

乃因古人編韻定母, 可併者併之, 可分者分之,

一併一分, 一聲一韻,

皆禀宸斷, 而亦各有考據.

於是調以四聲, 定爲九十一韻二十三母,

以御製訓民正音 定其音.

공손하고 너그럽고 온화하신 우리 주상 전하(主上殿下)께서는 바른 가르침을 숭상하시고 천도(天道)를 중히 여기시며, 문물제도를 널리 반포하시고자 그 극진한 데까지 미치지 않는 바가 없게끔 하시온데, 만 가지 기미를 살피시매 이 일에까지 생각이 미치시어, 이에 신(臣) 신숙주(申叔舟)와 수 집현전 직제학(守集賢殿直提學) 신(臣) 최항(崔恒), 수 직집현전(守直集賢殿) 신(臣) 성삼문(成三問)·신(臣) 박팽년(朴彭年), 수 집현전 교리(守集賢殿校理) 신(臣) 이개(李塏), 수 이조 정랑(守吏曹正郎) 신(臣) 강희안(姜希顔), 수 병조 정랑(守兵曹正郎) 신(臣) 이현로(李賢老), 수 승문원 교리(守承文院校理) 신(臣) 조변안(曹變安), 승문원 부교리(承文院副校理) 신(臣) 김증(金曾)에게 명하시와 세속의 풍습을 두루 살피어 채집하고, 전해 오는 문적(예부터 전해오는 사서삼경)을 널리 상고하여, 널리 쓰는 음(音)에 근본을 삼고, 예부터 전해 내려오는 음운을 긴요하게 쓰이도록 맞추어서 자모(字母)와 칠음(七音)과 청탁(淸濁)과 사성(四聲)을 근원의 정미한 것까지 밝히지 않은 것이 없어 바른 길로 복원하기를 바라셨다. 신들이 재주와 학식이 얕고 짧으며 생각하는 바가 넓지 못하고 비루한데, 뜻을 받들기에 힘이 미치지 못하여 매번 번거로이 해드렸기에, 이에 옛사람이 제정한 음운과 자모를 가지고, 합쳐야 할 것은 합치고 나눠야 할 것은 나누되, 하나를 합하고 하나를 나누거나, 하나의 성음과 하나의 자운마다 또한 중국의 성운학을 근거로 생각하여 모두 상감의 허락을 얻어서, 이에 사성(四聲)으로 조정하여 91운(韻)과 23자모(字母)로 정한 다음 백성을 바르게 교화할 수 있는 음을 만드셔서 우리나라의 음으로 정하셨다.

又於質勿諸韻, 以影補來, 因俗歸正,
舊習譌謬, 至是而悉革矣.
書成, 賜名曰 東國正韻,
仍命臣叔舟爲序.
臣叔舟 竊惟人之生也, 莫不受天地之氣,
而聲音, 生於氣者也.
淸濁者, 陰陽之類, 而天地之道也,
四聲者, 造化之端, 而四時之運也.
天地之道亂, 而陰陽易其位,
四時之運紊, 而造化失其序,
至哉, 聲韻之妙也.
其陰陽之闔奧, 造化之機緘乎.
況乎書契未作, 聖人之道寓於天地,
書契旣作, 聖人之道, 載諸方策!
欲究聖人之道, 當先文義,
欲知文義之要, 當自聲韻.
聲韻, 乃學道之權輿也,
而亦豈易能哉.

또 '질(質)'·'물(勿)'과 같은 운(韻)은 '여린히읗'으로 'ㄹ'를 보충하여 옛 풍속을 바로잡으니, 옛 습관의 그릇됨이 이에 이르러 모두 고쳐졌다. 글이 완성되어 이름 하시기를, '동국정운(東國正韻)'이라 하시고, 이어서 신(臣) 숙주(叔舟)에게 서문(序文)을 지으라 하셨다. 신숙주가 가만히 생각하건대 사람이 태어날 때에 하늘과 땅의 기운을 받지 않은 자가 없는데 성음(聲音)은 기(氣)에서 생기는 것이다. 청탁(淸濁)이란 것은 음양(陰陽)의 유형(類型)으로 천지의 도(道)이며, 사성(四聲)이란 것은 조화(造化)의 단서(端緒)로서 사시(四時)의 운행이다. 천지의 도(道)가 어지러워지면 음과 양이 그 위치를 바꾸고, 사시(四時)의 운행이 어지러워지면 조화(造化)가 그 차례를 잃게 되니, 지극하도다, 성운(聲韻)의 신묘함이여. 음양(陰陽)의 시초는 심오(深奧)하고 조화(造化)의 기미는 은밀하다. 더구나 주역의 이치가 아직 문자로 쓰이지 않았을 때에는 성인의 도(道)가 천지와 만나, 주역의 이치가 이미 만들어진 뒤에는 성인의 도가 서책(書冊)에 실리게 되었으니, 성인의 도를 밝히려면 마땅히 문장의 의의(意義)를 먼저 알아야 하고, 문장의 의의(意義)를 알기 위한 요점은 곧 마땅히 성운(聲韻)부터 알아야 하는 것이니, 성운은 곧 천도를 배우는 저울과 같은 기준인지라, 또한 어찌 쉽게 깨우칠 수 있겠는가.

此我聖上所以留心聲韻,

斟酌古今, 作爲指南,

以開億載之群蒙者也.

古人著書作圖, 音和類隔,

正切回切, 其法甚詳,

而學者尙不免含糊囁嚅, 昧於調協.

自正音作而萬古一聲, 毫釐不差,

實傳音之樞紐也.

淸濁分而天地之道定,

四聲正而四時之運順,

苟非彌綸造化, 軒輊宇宙,

妙義契於玄關, 神幾通于天籟,

安能至此乎.

이것이 우리 성상(聖上)께서 성운(聲韻)에 뜻을 두시고 고금(古今)을 참작하여 주남(周南, 시경)을 이루고자 하시니 여러 대에 걸쳐 몽매한 자들을 깨우치게 하시고자 한 까닭이다. 옛사람이 시를 지으시고 그림으로 주역의 이치를 표시하고, 화음(和音)으로 분류하여 직접적으로 표현하거나 우회적으로 표현하는 그 방법이 매우 심오하고 아주 상세한데, 배우는 이가 아직도 어물거리고 머뭇머뭇하여 운(韻)을 맞추기가 어둡더니, 정음(正音)이 만들어진 다음부터는 만고(萬古)의 한 소리가 털끝만큼도 차이가 없으니, 실로 음(音)을 전하는 기준이 되었다. 청탁(淸濁)이 나누어져 천지의 도(道)가 정해지고, 사성(四聲)이 정해져 사시(四時)의 운행이 순리대로 행해지니, 진실로 조화(造化)를 다스리고 우주(宇宙)에까지 두루 미쳐 신묘한 역의 이치와 오묘한 시의 참의와 같은 신령스러운 기미(幾微)가 하늘의 소리에 통한 것이 아니면 어찌 능히 이에 이를 수 있겠는가.

清濁旋轉, 字母相推,
七均而十二律而八十四調, 可與聲樂之正同其大和矣[2].
吁, 審聲以知音,
審音以知樂,
審樂以知政,
後之觀者, 其必有所得矣.
正統十二年丁卯九月下澣 通德郞守集賢殿應敎 藝文應敎 知製敎 經筵檢討官 臣申叔舟拜手稽首謹 序.

2_同其大和矣 : 예기(禮記)에 기술된 대동(大同)의 시대.

청탁(淸濁)이 돌고 구르며 자모(字母)가 서로 밀어 칠음(七音)과 12운율(韻律)이 84성조(聲調)가 되어 가히 성악(聲樂)의 정도(正道)와 더불어 한 가지로 크게 화합할 것이로다. 아아, 소리를 살펴서 음(音)을 알고, 음(音)을 살펴서 악(樂)을 알고, 악(樂)을 살펴서 정치를 알게 되니, 뒤에 보는 이들은 반드시 얻는 바가 있을 것이다. 정통 12년 정묘 9월 하순 통덕랑 수 집현전 응교 예문 응교 지제교 경연 검토관 신 신숙주는 두 손 모아 절을 올리며 삼가 서를 씀.

훈민정음해례(訓民正音解例)

훈민정음해례(訓民正音解例)[3]

天地之道 一陰陽五行而已 坤復之間爲太極 而動靜之後 爲陰陽 凡有生類在天地之間者 捨陰陽而何之 故人之聲音 皆有陰陽之理 顧人不察耳

천지 자연의 도는 오직 음양오행일 뿐이다. 곤(坤)과 복(復)의 사이가 태극이 되고, 움직이고 멎고 한 연후에 음과 양이 생겨난다. 무릇 생명을 가진 것들로서 하늘과 땅 사이에 있는 것들은 음양을 벗어나 어디로 가겠는가. 그러므로 사람의 성음도 다 음양의 이치가 있는 것인데, 생각하건대 사람이 살피지 못할 뿐이다.

3_훈민정음해례의 일부만을 번역하여 수록하였다.

今正音之作 初非智營而力索 但因其聲音而極其理而已
理旣不二 則何得不與天地鬼神同其用也

지금 정음을 만듦도 처음부터 사람의 지혜와 노력으로 만든 것이 아니고, 단지 그 성음의 기본을 바탕으로 하여 그 순리를 나타낸 것일 뿐이다. 천도의 이치는 변하는 것이 아닌즉 이 어찌 천지의 신령스러운 조화의 쓰임을 다하지 아니하겠는가.

주역 64괘

증민(烝民)[4]

天生烝民　有物有則 천생증민　유물유즉	하늘이 백성을 낳으셨으며 만물엔 도리 있으니
民之秉彛　好是懿德 민지병이　호시의덕	백성의 타고난 마음 아리따운 덕을 사모하는 것
天監有周　昭假于下 천감유주　소격우하	하늘은 우리 주(周)가 널리 정성된 덕 폄을 살피사
保玆天子　生仲山甫 보자천자　생중산보	밝은 천자를 받들게 하려 중산보(仲山甫)를 보내시도다.
仲山甫之德　柔嘉維則 중산보지덕　유가유즉	중산보께서 지니신 덕은 훌륭하고 법이 있나니
令儀令色　小心翼翼 영의영색　소심익익	그 위의(威儀) 그 용모 아름다우며 모든 것 삼가서
古訓是式　威儀是力 고훈시식　위의시력	본받으니 옛적의 교훈, 위의에 힘을 쓰시고

4_시경(詩經).

天子是若　明命使賦
천자시약　명명사부

王命仲山甫　式是百辟
왕명중산보　식시백벽

纘戎祖考　王躬是保
찬융조고　왕궁시보

出納王命　王之喉舌
출납왕명　왕지후설

賦政于外　四方爰發
부정우외　사방원발

肅肅王命　仲山甫將之
숙숙왕명　중산보장지

邦國若否　仲山甫明之
방국약비　중산보명지

천자의 뜻을 받들어
어명(御命)을 널리 펴도다.

왕께서 중산보에 명하시다.
제후들을 옳게 이끌고

그대의 조상을 이어
짐의 몸을 편안케 하라.

왕명을 받들어 내고 들이며
임금의 목도 되고 혀도 되어서

정령(政令)을 바깥에 펴고
사방에 두루 베풀게 하라.

지엄하신 왕의 분부를
중산보가 행하니

나라의 베푸는 정사,
좋고 나쁨을 가리었으며

旣明且哲 以保其身
기명차철 이보기신

夙夜匪解 以事一人
숙야비해 이사일인

人亦有言 柔則茹之
인역유언 유즉여지

剛則吐之 維仲山甫
강측토지 유중산보

柔亦不茹 剛亦不吐
유역불여 강역볼토

不侮矜寡 不畏彊禦
불모환과 불외강어

人亦有言 德輶如毛
인역유언 덕유여모

밝으며 또 분명하여서
그 몸을 미쁘게 지켜 갔어라.

아침, 밤 없이 힘써
오직 한 분을 섬기었도다.

세상에 떠도는 말이
부드러우면 삼키고

딱딱하면 뱉는다고,
그러나 중산보께선

부드럽기로 안 삼키고
딱딱하여도 안 뱉었으며

홀아비 과부 업신여김 없었고
강폭(强暴)한 무리 두려워 않도다.

세상에 떠도는 말이
덕의 가벼움 털과 같으나

民鮮克擧之　我儀圖之
민선극거지　아의도지

維仲山甫擧之　愛莫助之
유중산보거지　애막조지

袞職有闕　維仲山甫補之
곤직유궐　유중산보보지

仲山甫出祖　四牡業業
중산보출조　사모업업

征夫捷捷　每懷靡及
정부첩첩　매회미급

四牡彭彭　八鸞鏘鏘
사모방방　팔란장장

드는 이 아무도 없다고.
그러나 내가 보건대
드는 이 있으니 중산보라.
애석하나 돕는 이 없는 것.
천자에 결(缺)한 덕 있다면
중산보 반드시 도우리.
중산보 제사 지내고 길 떠나니
네 필 수말 웅장하고
병사는 씩씩하여서
행여 못 미칠까 걱정하네.
네 필 수말 달리는 곳,
여덟 방울 짤랑이노니

王命仲山甫　城彼東方
왕명중산보　성피동방

四牡騤騤　八鸞喈喈
사모규규　팔란개개

仲山甫徂齊　式遄其歸
중산보조제　식천기귀

吉甫作誦　穆如淸風
길보작송　목여청풍

仲山甫永懷　以慰其心
중산보영회　이위기심

왕께서 중산보에 명하시어
동방에 성 쌓게 하심이로다.

네 필 수말 달리는 곳,
여덟 방울 쨍강이노니

천 리 길 제(齊)에 가시면
하루속히 돌아오시라.

길보(吉甫)가 가락에 얹는 이 노래,
바람처럼 아 맑게 번지길!

보내는 이 마음 끝이 없노니
오로지 임 위해 불러 보도다.

고요모(皐陶謨)

고요모(皐陶謨)[5]

曰若稽古皐陶한대 曰允迪厥德하면 謨明弼諧하리이다. 禹曰 俞라 如何오 皐陶曰 都라 愼厥身修하며 思永하며 惇叙九族하면 庶明이 勵翼하니 邇可遠이 在茲하니이다 禹拜昌言曰 俞라 皐陶曰 都라 在知人하며 在安民하니이다 禹曰 吁라 咸若時는 惟帝其難之시니 知人則哲이라 能官人하며 安民則惠라 黎民懷之하리니 能哲而惠면 何憂乎驩兜[6]며 何遷乎有苗[7]며 何畏乎巧言令色孔壬[8]이리오.

5_ 서경(書經).

6_ 환도(驩兜) : 요제 때 유언비어를 유포시킨 자.

7_ 유묘(有苗) : 사람으로서 지켜야 할 도리를 지키지 않는 사람.

8_ 공임(孔壬) : 아첨을 잘하는 사람.

고요(皐陶)가 옛날을 상고하여 이르기를, 진실로 그 덕(德)을 따르면 의도한 바가 밝아져 도움이 따르리이다.
우(禹)께서 이르시되, 그러하니 어찌하뇨. 고요(皐陶)가 이르되 아아, 삼가 그 몸을 닦으며 생각을 깊이 하여 구족(九族)을 돈독히 하면 여러 밝은 이 힘써 도우니 가까움으로 가히 멀게 함이 이에 있나이다.
우(禹)께서 선(善)한 말씀에 절하며 이르시기를 그러하다. 고요(皐陶)가 말하되 아아, 사람을 아는데 달렸으며 백성을 편히 함에 있나이다. 우(禹)께서 이르시되 아아, 다 이 같을진댄 요제(堯帝)께서도 그 어려이 여기시더니 사람을 아는 것은 곧 명석함이니 능히 사람을 제자리에 쓸 수 있을 것이며, 백성을 편케 하면 곧 은혜로운지라 여민(黎民)이 이를 마음으로 따르리라. 능히 명석하고 은혜로우면 어찌 환두(驩兜)를 근심하며, 어찌 묘(苗)를 내몰며, 어찌 얼굴빛을 꾸미고 아첨하는 공임(孔壬)을 두려워하리오.

皐陶曰 都라 亦行有九德하니 亦言其人有德인대 乃言日 載采采니이다 禹曰 何오 皐陶曰 寬而栗하며 柔而立하며 愿而恭하며 亂而敬하며 擾而毅하며 直而溫하며 簡而廉하며 剛而塞하며 彊而義니 彰厥有常이 吉哉니이다 日宣三德하면 夙夜浚明有家하며 日嚴祗敬六德하면 亮采有邦하며 翕受敷施하면 九德咸事하야 俊乂在官하야 百僚師師하며 百工惟時로 撫于五辰하야 庶績其凝하리이다

고요(皐陶)가 이르되, 아아, 행(行)에 또한 아홉 가지 덕(德)이 있나니 그 사람의 덕(德)이 있음을 말함은 곧 이러저러 하게 행함이니이다.
우(禹)께서 이르시되 어쩐 뜻이뇨.
고요(皐陶)가 말하되 너그럽고 위엄 있으며, 부드러우면서 굳세며 삼가고 공손하며, 다스리면서도 공경하며, 온순하면서도 굳세며 곧고 온화하며, 간략하고 세심하며 강(剛)하고 독실하며 날쌔고 의(義)함이 나타나 그 뚜렷함이 길(吉)하니이다.
날로 세 가지 덕(德)을 베풀면 새벽부터 밤늦게까지 집을 다스려 밝힐지며, 날로 엄(嚴)히 여섯 가지 덕(德)을 공경하면 일을 밝히어 일을 나라에 빛내며 합하여 받들어 펴 베풀면 아홉 가지 덕(德)이 다 섬기어 준걸이 관(官)에 나가고 백료(百僚)들이 서로 배우고 백공(百工)이 때로 오진(五辰)을 순케 하여 모든 공적(功績)이 이루리이다.

無教逸欲有邦하사 兢兢業業하소서 一日二日에 萬幾[9]니이다 無曠庶官하소서 天工을 人其代之니이다 天敍有典하사 勅我五典하시니 五를 惇哉[10]하시며 天秩有禮하사 自我 五禮[11]하시니 有를 庸哉하소서 同寅協恭하사 和衷哉하소서 天命有德이시니 五服으로 五章哉하소서 天討有罪[12]이시니 五刑으로 五用哉하사 政事를 懋哉懋哉하소서 天聰明이 自我民聰明하며 天明畏는 自我民明威라 達于上下[13]하니 敬哉어다 有土야 皐陶曰 朕言惠하니 可底行이리이다 禹曰 俞라 乃言이 底可績이로다 皐陶曰 予未有知어니와 思曰贊贊襄哉하노이다

9_一日二日 萬幾 : 하루 이틀 사이에 일어나는 변고.
10_天敍有典 勅我五典 五惇哉 : 천도의 오행. 땅에서는 오상(금, 목, 수, 화, 토). 사람에게 있어서는 오륜.
11_天秩有禮 自我 五禮 : 천의 오행 질서. 사람에 있어서 오례(五禮).
12_天討有罪 : 천형(즉 역병).
13_天聰明 自我民聰明 天明畏 自我民威 達于上下 : 천심은 민심이고, 민심 또한 천심이다.

편함과 탐욕으로 나라를 다스리지 마시고 조심하며 위구(危懼)하소서. 하루 이틀에 만기(萬幾)니이다. 여러 관리가 일을 저버리지 않게 하매 하늘의 일을 사람이 대신하여 하나이다.

하늘이 전(典)을 두시어 우리에게 오전(五典)을 내리시니 이 다섯을 도탑게 하시며, 하늘이 차례하여 예(禮)를 두시어 우리에게 오례(五禮)를 지니게 하시니 이 다섯을 떳떳하게 하소서. 공경함을 한 가지로 하며 합하여 고르게 하소서. 하늘이 덕(德) 있는 이에게 명(命) 하시어 다섯 가지 복장으로 다섯 가지를 나타나게 하시며 하늘이 죄(罪) 있는 이를 치시거든 다섯 가지 형벌로 다섯 가지를 쓰시어 정사를 힘쓰고 또 힘쓰소서.

하늘의 총명(聰明)함이 우리 백성으로부터 총명(聰明)하며 하늘의 밝으며 두려움이 우리 백성으로부터 밝으며 두려운지라 이처럼 위와 아래가 통하니 공경할지어다. 땅을 다스리는 이여.

고요(皐陶)가 이르되 저의 말씀이 순리하니 가히 행함에 이르리이다.

우(禹)께서 이르시되, 그러하다. 그대의 말씀이 이르면 가히 공적이 되리로다.

고요(皐陶)가 이르되 내 아는 것이 미흡하나 날로 돕고 도와 이루어짐을 생각하노이다.

昌寧 성삼문(成三問)

은기뢰(殷其雷)[14]

殷其雷　남산이라 그 남쪽에
은기뢰
在南山之陽　우르릉 천둥소리.
재남산지양
何斯違斯　한 번 떠나가시더니
하사위사
莫敢或遑　그리 틈이 없으신가.
막감혹황
振振君子　미덥고 미더운 임이여!
진진군자
歸哉歸哉　돌아오소, 어서 돌아오소.
귀재귀재

殷其雷　남산이라 그 산 곁에
은기뢰
在南山之側　우르릉 천둥소리.
재남산지측
何斯違斯　한 번 떠나가시더니
하사위사

14_시경(詩經)의 소남(召南).

莫敢遑息　쉬실 틈도 없으신가.
막감황식

振振君子　미덥고 미더운 임이여!
진진군자

歸哉歸哉　돌아오소, 어서 돌아오소.
귀재귀재

殷其雷　남산이라 그 산 밑에
은기뢰

在南山之下　우르릉 천둥소리.
재남산지하

何斯違斯　한 번 떠나가시더니
하사위사

莫或遑處　한가함도 없으신가.
막혹황처

振振君子　미덥고 미더운 임이여!
진진군자

歸哉歸哉　돌아오소, 어서 돌아오소.
귀재귀재

이 몸이 주거 가셔

이 몸이 주거 가셔 무어시 될고 ᄒ니
蓬萊山 第一峰에 落落長松 되야이셔
白雪이 滿乾坤홀 제 獨也靑靑 ᄒ리라

이 몸이 죽은 후 무엇이 될 것이고 하니,
저 봉래산 제일 높은 봉우리에 키가 크고 나뭇가지가 축축 늘어진
큰 소나무가 되었다가
흰 눈이 하늘과 땅을 가득 덮을 때 나만은 홀로 푸르고 푸르리라.

謹甫 昌寧 成三問

관이율(寬而栗)

너그러우면서도 위엄을 지녀야 함이니 너그러우면서도 용서할 수 없는 일 앞에서는 단연코 이를 용서하지 않는 꿋꿋함을 지녀야 함이다.

亭人睡自飛神遊八荒神仙之境路
致向之隱隱者萊乎未赤口惰而已毫
可無人白睡分濃甘向孤蓬英文躁
彭有桃源圖外人雖琴碎影有桃源
況今人生逸氣多見圖譜讀此習之
清風生高麴青冥鶴肯伴再遊舐鼎
攀龍不可冀

昌寧成 三問

몽유도원도에 실린 성삼문 친필 記

성삼문(成三問) 筆「記」

朝見桃源圖, 暮讀桃源記, 始信今古有桃源, 神仙之說非誕僞.
若道桃源不神仙, 世間豈無一片桃源地.
固知晉人迹未到, 想亦夢之而已矣.
不然千搜與萬索, 未必迷路不復至.
可憐千古人, 欲辨有無是與非, 枉辱仙境爲人世.
漁舟一覺後夢, 得到者無一二.
應是上界眞人愛淸淨, 十分秘不洩.

아침에 도원의 근원을 보고, 저녁에 도원의 근원을 읽고서 태초에 펼쳐진 도원의 근원이 오늘에까지 이어짐에 신비스러운 신선 이야기가 거짓이 아님을 알게 되었네.

도원의 근원이 천도와 같은 신비스러운 신선의 경지가 아니라면 세간에 어찌 도원의 근원이 이루어진 곳이 한 곳이라도 없었겠는가.

진나라 사람들도 힘써 이르려고 노력하였으나 이르지 못했고 꿈속에나 그려 보았을 것이다.

그렇지 않다면야 천 번 찾고 만 번은 더듬은 터에 길을 잃고 다시 찾지 못했을 리도 없는 일.

불쌍하다 천여 년의 옛사람들, 도원의 있고 없고 옳고 그름 가리려 하여 신선의 경지의 인간 세상을 더럽혀 놓았으니. 고기잡이 배 탔던 사람 꿈 깨고 나서 그곳에 이를 수 있었던 자 다시는 없었다네.

응당 상계의 진인께서 맑고 깨끗함을 사랑하셔서서 깊이 숨기고 남에게 전하지 않았음이리.

所以至今千百禩, 僅許一入高人睡.
自非神遊八表, 神仙之境終難致.
向之陪從者數子, 未知何脩而至是.
可哀人間睡方濃, 甘向紅塵萬丈墜.
賴有桃源圖, 令人醒昏醉.
賴有桃源記, 令人生道氣.
朝見圖 暮讀記, 習習清風生兩翅.
青冥鶴背倘再遊, 舐鼎攀飛亦可冀.

그러기에 지금껏 천백 년이 지나도록 단 한 번 높으신 분 꿈속에 들게 하였을 뿐이다.
저 높은 하늘의 팔방의 신비로운 경지에 이르지 아니하고서야 신비스러운 신선의 경지에는 끝내 이르기 어려울 것이다.
도원을 향하려고 따르던 자 몇몇이 있었으나 그곳에 이를 수 있었는가를 알지 못하였다.
애처로운 사람들 방종에 무르익어 잠들고 부귀영화만 지향하는 세상사람 만 길 낭떠러지 속으로 떨어졌구나.
도원의 근원에 힘입어 사람들을 혼란한 것에서 깨어나게 하고, 도원의 근원을 기록한 기문에 힘입어 사람으로 하여금 천도의 기를 알게 하였네.
아침에 그림을 보고 저녁에 기문을 읽으니 맑은 산들바람 솔솔 불어 양 날개 펄럭이듯 학의 등을 타고 푸른 하늘을 향해 다시 노니는 듯하네. 가마솥에 넣고 달이고 달여 가슴 깊이 고이고이 간직하고 싶노라.

상고천진론편(上古天眞論篇)[15]

黃帝曰：余聞上古有眞人者, 提挈天地, 把握陰陽, 呼吸精氣, 獨立守神, 肌肉若一, 故能壽敝天地, 无有終時, 此其道生.

中古之時, 有至人者, 淳德全道, 和於陰陽, 調於四時, 去世離俗, 積精全神, 遊行天地之間, 視聽八達之外, 此蓋益其壽命而强者也, 亦歸於眞人.

其次有聖人者, 處天地之和, 從八風之理, 適嗜欲於世俗之間, 无恚嗔之心, 行不欲離於世, 被服章, 擧不欲觀於俗, 外不勞形於事, 內无思想之患, 以恬愉爲務, 以自得爲功, 形體不敝, 精神不散, 亦可以百數.

其次有賢人者, 法則天地, 象似日月, 辯列星辰, 逆從陰陽, 分別四時, 將從上古合同於道, 亦可使益壽而有極時.

15_ 황제내경소문(黃帝內經素問).

황제(黃帝)께서 말씀하시길, "제가 듣건대 상고(上古)에 진인(眞人)이라는 사람이 있었는데, 천지(天地)의 변화(變化)하는 규율(規律)을 장악(掌握)하고, 음양(陰陽)이 대립(對立)·통일(統一)해 가는 규율(規律)을 파악(把握)하며, (천지의) 정기(精氣)를 호흡(呼吸)하고, 독립(獨立)하여(도(道)에 홀로 존(存)하여 스스로를 주재(主宰)하여), (정신(精神)이 밖으로 내달리지 않도록) 신(神)을 지키며, 기육(肌肉)이 한결같으므로 (청년시절(靑年時節)과 똑같이 노쇠(老衰)하지 않고 보전 유지(保全 維持)되므로) 능히 수명(壽命)이 천지(天地)가 다하도록(천지와 더불어 함께 다하여) 종(終)하는 시(時)가 없으니, 이는 그 도(道)에 사는 것입니다.

중고시대(中古時代)에는 지인(至人)이라는 사람이 있었는데, 덕(德)을 순박하게 하고, 도(道)를 온전히 하여, 음양(陰陽)의 변화(變化)에 화합(和合)하고, 사시(四時)의 시령(時令)에 따라 조양(調養)하며, 몸과 마음이 세속(世俗)의 어지러움과 오염(汚染)을 멀리하여 정(精)을 축적(蓄積)하고 신(神)을 온전히 하여 천지(天地)의 사이에서 유행(遊行, 음양 변화를 관찰)하며, 팔달(八達, 팔원〔八遠〕, 팔방〔八方〕)의 밖을 보고 들었으니, 이는 대개 수명(壽命)을 더해서 강(强)해진 자(者)이니 역시 진인(眞人)에 귀속(歸屬)됩니다.

그 다음으로 성인(聖人)이라는 사람이 있었으니, 천지(天地)의 화(和)함에(천지〔天地〕의 돈화〔敦化〕한 기〔氣〕에) 처(處)하며 팔풍(八風)의 (정〔正〕)리(理)에 순종(順從)하여 (허사적풍〔虛邪賊風〕을 피하며), 세속(世俗)의 사이에서 기욕(嗜欲)을 알맞게 조절하여 (편안히 지내니), 성내고 노여워하는 마음을 두지 않으며, 행동(行動)은 세속(世俗)을 떠나고자 하지 않아, (세속의) 피복(被服)으로 장(章)하며(꾸며 문채 나게 하며), 거동(擧動)함에는 세속(世俗)을 관(觀)하려(세속의 더러움을 보고 본받으려) 하지 않아서, 밖으로는 (무위〔無爲〕로 다스려) 일에 몸을 수고롭게 하지 않고, 안으로는 (추기〔樞機〕에 따라 쉽게 응해서) 사상(思想)의 환(患, 생각하는 고통)을 두지 않으며, 염유(恬愉)함(편안히 안정되게 유쾌히 지냄)을 힘써야 할 일로 삼아서, (유연히) 자득(自得)함을 공(功)으로 삼아, 형체(形體)가 폐(敝, 노쇠)하지 않고 정신(精神)이 흩어지지 않아 역시 백수(百數)를 누릴 수 있었습니다.

그 다음으로는 현인(賢人)이라는 자(者)가 있었는데, 천지 변화(天地變化)함을 법칙(法則)으로 삼고(본받고), 일월(日月의 영휴성쇠〔盈虧盛衰〕함)을 상사(象似)하며(본뜨며), 성신(星辰)을 변열(辯列, 변별〔辨別〕)하고, 음양(陰陽)에 역종(逆從)하고, 사시(四時)의 기(氣)의 순서를 분별해서, 장차 상고(上古)의 지도지인(知道之人)을 좇아 도(道)에 합동(合同)하려 했으니, 역시 수명(壽命)을 더할 수는 있었으나 극(極)하는 때가 있었던 것입니다."

오운행대론편(五運行大論篇)[16]

黃帝坐明堂, 始正天綱, 臨觀八極, 考建五常. 請天師而問之曰: 論言天地之動靜, 神明爲之紀, 陰陽之升降, 寒暑彰其兆. 余聞五運之數於夫子, 夫子之所言, 正五氣之各主歲爾, 首甲定運, 余因論之.

鬼臾區曰: 土主甲己, 金主乙庚, 水主丙辛, 木主丁壬, 火主戊癸. 子午之上, 少陰主之, 丑未之上, 太陰主之, 寅申之上, 少陽主之, 卯酉之上, 陽明主之, 辰戌之上, 太陽主之, 巳亥之上, 厥陰主之. 不合陰陽, 其故何也?

岐伯曰: 是明道也, 此天地之陰陽也. 夫數之可數者, 人中之陰陽也. 然所合, 數之可得者也. 夫陰陽者, 數之可十, 推之可百, 數之可千, 推之可萬. 天地陰陽者, 不以數推, 以象之謂也.

16_황제내경소문(黃帝內經素問).

황제(黃帝)께서 명당(明堂)에 앉으시어 비로소 하늘의 강기(綱紀, 천체〔天體〕의 운행궤도〔運行軌道〕)를 바로 잡으시고 (팔방〔八方〕의 지극히 먼 곳인) 팔극(八極)에 임(臨)하여 살피시사 오상(五常, 오행운기정령〔五行運氣政令〕의 상〔常〕)을 고찰하여 건립하시고 천사(天師)에게 칭하여 이를 물어 말씀하시기를, 논(論)에 말하길 천지(天地)의 동정(動靜)은 신명(神明)이 그 기(紀)가 되고, 음양(陰陽)의 승강(升降)은 한서(寒暑)가 그 징조(徵兆)를 드러낸다고 하였습니다.

제가 오운(五運)의 수(數)를 선생님께 들었는데, 선생님께서 말씀하신 바는 바로 오운(五運)의 기(氣)가 각기 그 세(歲)를 주장하는 것일 따름이라고 하셨는데, 갑(甲)을 처음(首)으로 하여 운(運)을 정하는 것을 제가 그로 인하여 논(論)하겠거니와, 귀유구(鬼臾區)께서 말씀하시길 토(土)는 갑기(甲己)를 주장하고 금(金)은 을경(乙庚)을 주장하고 수(水)는 병신(丙辛)을 주장하고 목(木)은 정임(丁壬)을 주장하고 화(火)는 무계(戊癸)를 주장하며, 자오(子午)의 상(上)에는 소음(少陰)이 주장하고 축미(丑未)의 상(上)에는 태음(太陰)이 주장하며 인신(寅申)의 상(上)에는 소양(少陽)이 주장하고 묘유(卯酉)의 상(上)에는 양명(陽明)이 주장하며 진술(辰戌)의 상(上)에는 태양(太陽)이 주장하고 기해(己亥)의 상(上)에는 궐음(厥陰)이 주장한다고 하니 (이들이) 음양(陰陽)에 부합하지 않는데, 그 까닭은 무엇 때문인지요?

기백(岐伯)께서 말씀하시기를, "이는 도(道, 천도)를 밝힘이니, 이는 천지(天地)의 음양변화(陰陽變化)를 말한 것입니다. 무릇 수(數) 중에서 가히 헤아릴 수 있는 것은 인체(人體) 중의 음양(陰陽)입니다. 그러니 부합(符合)하는 것은 헤아려서 얻을 수 있습니다. 무릇 음양(陰陽)은 열을 헤아릴 수 있으면 미루어 백(百)까지도 헤아릴 수 있고, 천(千)을 헤아릴 수 있으면 미루어 만(萬)을 헤아릴 수 있습니다. 대저 음양(陰陽)이라는 것은 (끊임없이 변화해 가므로 제한된) 수(數)로는 미루어 나갈 수 없으니 (겉으로 드러나는) 상(象)을 통해 그 음양(陰陽)의 변화(變化)를 궁구(窮究)해야 함을 이르는 것입니다"

帝曰：願聞其所始也.

岐伯曰：昭乎哉問也! 臣覽太始天元册文, 丹天之氣, 經于牛女戊分, 黅天之氣, 經于心尾己分, 蒼天之氣, 經于危室柳鬼, 素天之氣, 經于亢氐昴畢, 玄天之氣, 經于張翼婁胃. 所謂戊己分者, 奎壁角軫, 則天地之門戶也. 夫候之所始, 道之所生, 不可不通也.

황제(黃帝)께서 말씀하시기를, "원컨대 그 운기학설(運氣學說)이 비롯된 것을 듣고 싶습니다."

기백(岐伯)께서 말씀하시기를, "밝도다, 물으심이여! 신(臣)이 《太始天元册》의 문(文)을 보니, 붉은 하늘의 적색(赤色) 화기(火氣, 단천〔丹天〕의 기〔氣〕)는 우녀성(牛女星)과 무(戊)의 분(分)을 지나고, 누런 하늘의 황색(黃色) 토기(土氣, 금천〔黅天〕)는 심미성(心尾星)과 기(己)의 분(分)을 지나며, 푸른 하늘의 청색(靑色) 목기(木氣, 창천〔蒼天〕의 기〔氣〕)는 위실(危室)과 유귀(柳鬼)를 지나고, 하얀 하늘의 백색(白色) 금기(金氣, 소천〔素天〕의 기〔氣〕) 항저(亢氐)와 묘필(昴畢)을 지나며, 검은 하늘의 흑색(黑色) 수기(水氣, 현천〔玄天〕의 기〔氣〕)는 장익(張翼)과 누위(婁胃)를 지나는데, 이른바 무기(戊己)의 분(分)이란 규벽(奎壁)과 각진(角軫)의 위치이니 (태양〔太陽〕의 시운동〔視運動〕이 무분〔戊分〕인 규〔奎〕와 벽〔壁〕 두 숙〔宿〕에 위치할 때가 바로 봄으로부터 여름으로 들어가는 시〔時, 춘분〔春分〕에 해당하고, 기분〔己分〕인 각〔角〕과 진〔軫〕 두 숙〔宿〕에 위치할 때가 바로 가을로부터 겨울에 들어가는 시〔時, 추분〔秋分〕에 해당하니, 천지〔天地〕의 음양〔陰陽〕이 드나드는 것을 주장하는지라) 곧 천지(天地)의 문호(門戶)인 셈입니다. 무릇 후(候)가 시작되는 바이고 도(道, 천도)가 생하는 바이니 통하지 않으면 안 됩니다."

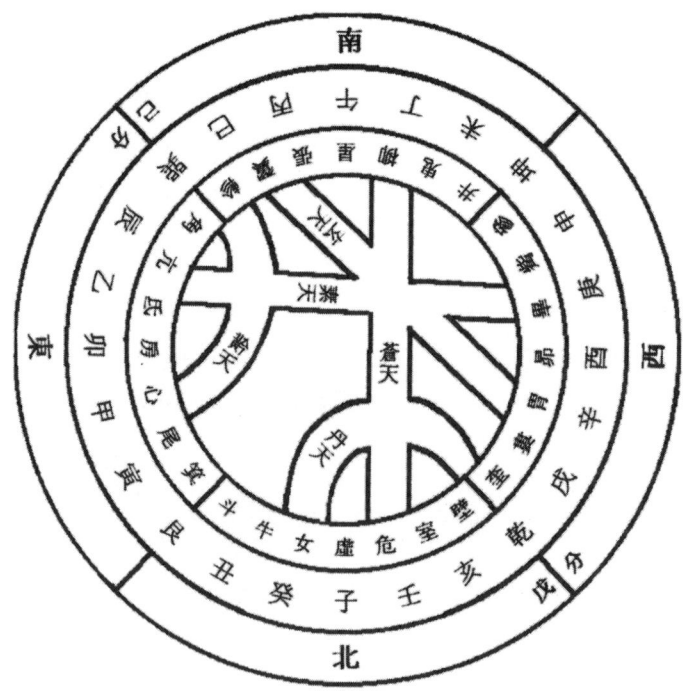

오기경천화오운도(五氣經天化五運圖)

平陽 박팽년(朴彭年)

작은 별(소성〔小星〕)[17]

嘒彼小星　반짝반짝 작은 별,
혜피소성
三五在東　동녘 하늘 외로이.
삼오재동
肅肅宵征　총총걸음 밤길 가네.
숙숙소정
夙夜在公　밤낮 없는 구실살이.
숙야재공
寔命不同　팔자라 팔자, 나의 팔자!
식명부동

17_시경(詩經) 소남(召南).

嘒彼小星　반짝반짝 작은 별,
혜피소성
維參與昴　삼성(參星)과 묘성(昴星).
유삼여묘
肅肅宵征　총총걸음 밤길 가네,
숙숙소정
抱衾與裯　이불을 안고.
포금여주
寔命不猶　팔자라 팔자, 나의 팔자!
식명불유

가마귀 눈비마즈

가마귀 눈비마즈 희논닷 검노미라
夜光明月이 밤인들 어두오랴
님 向한 一片丹心이야 變홀줄이 잇시랴

까마귀가 눈비를 맞으면 잠시 희어지는 듯하지만 이내 도로 검어지는구나.
그러나 밤에 빛나는 밝은 달이 밤인들 빛나지 않을 수 있으랴.
님에게 바쳐온 이 가슴속의 충정이야 변할 수가 있겠는가.

仁叟 平陽 朴彭年

간이염(簡而廉)

간략하고도 세심함이니 매사를 단순한 심정으로 대하되, 사리를 분별할 때에는 예리함이 있어야 한다.

形而立不待物而存感而遂通不疾而速
有非言語形容之所及也庸詎以覺之所
為為真是而夢之所為為真非也我而況
人之在世亦一夢中也亦何以古人所遇
為覺而今人所遇為夢古人何獨擅其奇
怪之迹而今人及不及之邪也覺夢之論
古人所難僕安敢致辨於其間敢今讀其
記想其事以慨僕平昔之懷是為章耳
匪觧堂圖形題記將求詠於詞林間以僕
在從遊之末命叙之僕不敢以文拙辭姑
書此云正統十有二年後四月日奉直
郎守集賢殿校理知製教經筵副檢討
官平陽朴彭年仁叟頓首謹序

夢桃源序

事有垂百代而不朽者苟非奇怪之迹之
以動人耳目安能及遠傳後如是耶世傳
桃源故事著諸詩文者甚多僕生也晚未
得親接見聞惟以此導其湮鬱久矣一日
匪懈堂以所作夢遊桃源記示僕事迹瑰
偉文章幼眇其川原窈窕之狀桃花遠近
之態與古之詩文無異而僕亦在從遊之
列僕讀其記不覺失聲歎欻社而歎之曰
有是我事之奇也東晉去今日數千載矣
我國距武陵萬餘里在萬餘里海外之
國得見數千載之上迷路之地乃與夫當
時物色相接不乃為奇怪之尤者乎古人
有言曰神遇為夢形接為事畫想夜夢神

몽유도원도에 실린 박팽년 친필 序

박팽년(朴彭年) 筆「序」

夢桃源序
事有垂百代而不朽者, 苟非奇怪之迹足以動人耳目, 安能及遠傳後如是耶?
世傳桃源故事, 著諸詩文者甚多. 僕生也晚, 未得親接見聞, 惟以此導, 其湮欝久矣.
一日匪懈堂以所作「夢遊桃源記」示僕.
事迹瓌偉, 文章幼眇, 其川原窈窕之狀, 桃花遠近之態, 與古之詩文無異.
而僕亦在從遊之列, 僕讀其記, 不覺失聲, 遽歛袵而歎之曰……
'有是哉! 事之奇也.'

몽유도원 서문

천여 년이 지나도록 스러지지 않는 일이 있나니, 진실로 사람들의 이목을 움직일 만한 기이한 자취가 아니어든 어찌 이와 같이 멀리 후세까지 전해질 수 있으리오?

전해져 내려오는 도원의 고사(故事)를 시와 글로 나타낸 사람들이 많았으나, 나는 세상에 태어남이 늦었는지라 직접 보고 듣지는 못하였다. 도원으로 가는 길이 안개가 자욱이 서린 듯 희미해져 찾아갈 수 없게 된 지 오래다.

그러던 어느 날 비해당(匪懈堂)이 몸소 지은 몽유도원기(夢遊桃源記)를 나에게 보여 주었다.

그 그림의 자취가 아름답고 위대하매, 그 글은 어린아이처럼 순수하고, 그 시내와 언덕의 정경이 그윽하다. 도원의 멀고 가까운 모습이 옛날에 전해 오는 시문과 다름이 없었다.

나 또한 도원을 찾아가는 행렬 속에 있었던 바, 그 글을 읽으면서 나도 모르게 옷깃을 여미고 감탄하여 말하였다. "이러한 일이 있었다니 참으로 기이하도다!"

東晉去今日數千載矣, 我國距武陵萬餘里矣, 在萬餘里海外之國, 得見數千載之上, 迷路之地, 乃與夫當時物色相接, 不乃爲奇恠之尤者乎!

古人有言曰……'神遇爲夢, 形接爲事, 晝想夜夢, 神形所遇.'

蓋形雖外與物遇, 而內無神明以主之, 則亦何有形之接也? 是知吾神不倚形而立, 不待物而存.

感而遂通, 不疾而速, 有非言語形容之所及也. 庸詎以覺之所爲爲眞是, 而夢之所爲爲眞非也哉?

而況人之在世, 亦一夢中也. 亦何以古人所遇爲覺, 而今人所遇爲夢? 古人何獨擅其奇恠之迹, 而今人反不及之邪也?

동진의 시대는 지금으로부터 수천 년이나 떨어져 있고, 무릉도원은 우리나라에서 만 리나 넘게 멀리 있는 곳. 만 리가 넘게 떨어져 있는 바다 건너 이 나라에서 수천 년 전의 모습을 볼 수 있고, 길 잃은 곳의 모습이 당시의 상황과 서로 이어져 있으니 이 어찌 더욱 기이하지 아니한가!

옛사람이 이르기를……'정신이 만나면 꿈이 되고, 형체가 접하면 일이 된다.'고 하였으며, '낮에 생각한 것을 밤에 꿈으로 보니 정신과 형체의 만남이라.' 하였다.

무릇 형체가 비록 밖으로 사물과 만난다고 할지라도, 안으로 밝은 정신으로써 주재할 수 없다면 어찌 형체가 이를 접할 수 있겠는가? 이것으로 나는 우리의 정신이 형체를 의지하지 않고서 자립하여 있고, 사물을 기다리지 않고서 존재하며, 감응하여 서로 통하고, 서두르지는 않되 빠르며, 언어로써 형용하여 미칠 수 있는 바가 아님을 알겠네. 그러니 깨어 있을 때 한 바는 정말 옳고, 꿈속에서 한 바는 진실로 거짓된 것이라고 어찌 말할 수 있으리오? 하물며 사람의 세상살이 자체도 또 하나의 꿈속임에랴! 또한 어찌 옛사람이 만난 바는 실제이고, 지금 사람이 만난 바는 꿈속이라고 할 수 있으며, 어찌 옛사람만 홀로 기이한 자취를 마음대로 하고, 지금 사람은 도리어 거기에 미칠 수 없다고 하겠는가?

覺夢之論, 古人所難. 僕安敢致辨於其間哉.
今讀其記, 想其事, 以慰僕平昔之懷, 是爲幸耳.
匪懈堂圖形願記, 將求咏於詞林間. 以僕在從游之末,
命敍之. 僕不敢以文拙辭, 姑書此云.
正統十有二年後四月 日, 奉直郎, 守集賢殿校理, 知製
敎經筵副檢討官, 平壤朴彭年仁叟頓首謹序.

꿈과 깨어 있는 상태에 대한 논의는 옛사람도 어려워한 바이거늘, 나 같은 사람이 어찌 감히 그 사이를 분별하여 따질 수 있는 일이겠는가?

이제 그 글을 읽고 그 행적을 생각하여 내가 평소부터 품어오던 마음을 달래볼 수 있게 되었으니 참으로 다행스러울 뿐이다.

비해당께서 그림을 그리게 하고 제기(題記)까지 지으신 데다가 문사들에게 시문으로 이를 읊도록 하셨다. 나도 그곳 노니는 행렬 속에 있었다 하여 특별히 글을 짓도록 명하시는지라, 글솜씨 서툴다 하여 이를 사양할 수도 없어 짐짓 이 글을 써 두는 바이다.

정통(正統) 12년(세종 29, 1447) 4월 일, 봉직랑, 수집현전교리, 지제교경연부검토관, 평양 박팽년 인수 고개 숙여 삼가 서함.

열명(說命)[18]

上

王이 宅憂亮陰三祀하사 旣免喪이로되 其惟弗言이어시늘 群臣이 咸諫于王曰 嗚呼라 知之曰明哲이요 明哲實作則하나니 天子惟君萬邦이어든 百官承式하야 王言惟作命하나니 不言이시면 臣下罔攸稟令하리이다 王庸作書以誥曰 以台正于四方이실세 台恐德弗類하야 玆故弗言하야 恭默思道러니 夢에 帝賚予良弼하시니 其代予言이리라 乃審厥象하사 俾以形으로 旁求于天下하시니 說이 築傅巖之野하더니 惟肖라 爰立作相하사 王置諸其左右하시리라

18_서경(書經).

임금이 거상(居喪)으로 양음(亮陰)¹⁹⁾해 살으심을 새 해를 하시어 이미 상(喪)을 면(免)하시고 말을 안 하시거늘 군신(群臣)이 모두 임금께 간(諫)하여 말하되, 아아, 아는 것은 밝고 어질다 하고 명철(明哲)이면 진실로 법이 되나니, 천자(天子)께서 만방(萬邦)에 임금하여 계시거든 백관(百官)이 법을 받들어 임금의 말을 명(命)을 삼나니 말하지 아니하시면 신하(臣下)가 법령(法令)을 물을 바 없으리이다.

임금이 글을 지어 고하여 이르시되, 나에게 온 세상을 바르게 하게 하시나 내 덕(德)이 같지 못할까 저어하여 이런고로 말하지 아니하며 공경하여 잠자코 도(道)를 생각하더니, 꿈에 제(帝)께서 내게 도울 어진 이를 주시니 그가 말을 대신하리라. 이에 그의 형상을 더듬어 그의 형상을 그려서 널리 천하(天下)에 구(求)하시니, 열(說)이 부암(傅巖)의 들에서 초상(肖像)과 같더라. 이에 그를 세워 정승을 삼으시어 임금이 그 곁에 두시다.

19_亮陰 : 옛날의 부모 상에 삼년상을 치르는 것.

命之日 朝夕納誨하야 以輔台德하라 若金이면 用汝作
礪하며 若濟巨川이면 用汝作舟楫하며 若歲大旱이어든
用汝作霖雨[20]하리니 啓乃心하야 沃朕心하라 若藥弗瞑
眩하면 厥疾弗瘳하며 若跣弗視地하면 厥足用傷하리라
惟暨乃僚로 罔不同心하야 以匡乃辟하야 俾率先王하야
迪我高后하야 以康兆民하라 嗚呼라 欽予時命하야 其
惟有終하라 說이 復于王曰 惟木從繩則正하고 后從諫
則聖하나니 后克聖이시면 臣不命其承이니 疇敢不祗若
王之休命하리잇고

20_霖雨 : 단비.

명(命)하여 이르시되, 아침저녁에 가르침을 올리어 나의 덕(德)을 도우라.
쇠 같거든 그대를 숫돌을 삼으며, 만약 큰 내를 건느는 것 같거든 그대를 배와 돛대로 삼으며, 해가 크게 가문 것 같거든 그대를 단비로 삼으리라.
그대의 마음을 열어서 나의 마음을 윤택하게 하라. 약(藥)이 독하지 아니하면 그 병이 낫지 않는 것 같으며, 만약 맨발로 가며 땅을 보지 아니하면 그 발이 다치는 것 같으니라.
그대의 동료(同僚)와 마음을 같이 아니함이 없이 그대 임금을 바르게 하여 선왕(先王)을 따르고 우리 고후(高后)를 순(順)하여 억조(億兆) 백성을 편안케 하라. 아아, 내 이 명(命)을 공경하여 그 유종(有終)을 생각하라.
열(說)이 임금께 복명하여 이르되, 나무는 먹줄을 좇으면 바르고 임금은 간(諫)함을 좇으면 성인(聖人)이 되나니, 임금이 능히 성(聖)이 되시면 신하는 명(命)치 아니하여도 받들 것이니 누가 감(敢)히 공경하여 임금의 아름다우신 명(命)을 순종치 아니하리이꼬.

中

惟說을 命總百官하니라 乃進于王曰 嗚呼라 明王은 奉若天道하사 建邦設都하야 樹后王君公하고 承以大夫師長하야 不惟逸豫하고 惟以亂民이니이다 惟天聰明하시니 惟聖時憲하시면 惟臣欽若하며 惟民從乂하리이다 惟口起羞하며 惟甲冑起戎하니 惟衣裳在笥하며 惟干戈省厥躬하소서 王惟戒玆하사 允玆克明하시면 乃罔不休하리이다 惟治亂在庶官하니 官不及私昵[21]하사 惟其能하시며 爵罔及惡德하사 惟其賢하소서 慮善以動하시고 動惟厥時하소서 惟其善하면 喪厥善하고 矜其能하면 喪厥功하리이다

21_不及私昵 : 친인척.

일마다 준비함이 있나니, 준비가 있으면 근심이 없으리이다.
총애하심에 업신여김을 받게 하지 마시며, 과실을 저지름에 허물을 부끄러워 하시지 마소서. 오직 그 거(居)할 바에 하여야만 정사(政事)가 순후(醇厚)하리이다. 제사(祭祀)를 욕되게 하는 것은 이른바 공경치 아니함이요, 예(禮)는 번거로우면 어지러운지라. 이처럼 신을 섬김이 곧 어려우니이다. 임금이 이르시되, 훌륭하다. 열(說)이여! 그대의 말이 행함 족 하도다. 그대의 말이 어질지 아니하던들 내 들어 행하지 못하리로다.
열(說)이 머리를 조아려 절하고 이르되, 알기가 어려움이 아니라, 행(行)함이 어려우니 임금이 정성스레 하시어 어렵지 않게 여기시면 진실로 선왕(先王)이 이루신 덕(德)에 합(合)하시리니 열(說)이 말하지 아니하면 그 허물이 있으리이다.

下
王曰 來汝說아 台小子이 舊學于甘盤이러니 旣乃遯于荒野하며 入宅于河하며 自河徂亳하야 曁厥終罔顯하라 爾惟訓于朕志하야 若作酒醴면 爾惟麴糱이며 若作和羹이어든 爾惟鹽梅하라 爾交修予하야 罔予棄하라 予惟克邁乃訓하리라

임금이 이르시되, 아, 그대 열(說)이여! 나 소자(小子) 옛적에 감반(甘盤)에게 배웠더니 이미 황야(荒野)에 물러가며, 하(河)에 들어가 살며 하(河)로부터 박(亳)으로 갔으나 마침내 밝아지지 못하니라.
그대는 짐의 뜻을 훈계하여 술과 단술을 빚을 것 같으면 그대가 누룩과 엿기름이 되며, 화갱을 만들 것 같으면 그대가 소금과 매실(梅實)이 되라. 그대 나를 여러모로 닦아서 나를 버리지 말라. 내 능히 그대의 가르침을 행하리로다.

說曰 王아 人求多聞은 時惟建事ㅣ니 學于古訓하야 乃有獲하니 事不師古하고 以克永世는 匪說攸聞이니이다 惟學遜志니 務時敏하면 厥攸乃來하며 允懷于茲하면 道積于厥躬하리이니 惟斅는 學半이니 念終始를 典于學하면 厥德攸를 罔覺하리이다 監于先王成憲하사 其永無愆하소서 惟說式克欽承하고 旁招俊乂[22)]하야 列于庶位하리이다

22_旁招俊乂 : 뛰어난 인재를 선발함.

열(說)이 이르되, 임금이시어! 사람이 많이 듣기를 구(求)함은 일을 세우려 함이니, 옛 가르침을 배워야만 얻음이 있으리다. 옛 일을 본받지 아니하고 이로써 능히 세상을 길이 한 이를 열(說)은 들은 바 없음이다. 배움에 있어서는 뜻을 겸손히 하고 힘써 민첩하면 그 닦음이 오리니, 진실로 이를 생각하면 천도(天道)가 그 몸에 쌓이리다. 가르치는 것은 배우는 것의 반(半)이니, 생각의 종시(終始)를 배우는 데 주장하면 그 덕(德)이 닦임을 깨닫지 못하리이다.

옛 임금의 이루신 법을 살피어 길이 허물이 없이 하소서. 열(說)이 능히 공경히 받들어 널리 준예(俊乂)를 불러서 여러 벼슬에 두리이다.

王曰 嗚呼라 說아 四海之內이 咸仰朕德은 時乃風이니라 股肱惟人이며 良臣惟聖이니라 昔先正保衡[23]이 作我先王하야 乃曰予弗克俾厥后로 惟堯舜이면 其心愧恥이 若撻于市하며 一夫不獲이면 則曰時予之辜라하야 佑我烈祖하야 格于皇天하니라 爾尙明保予하야 罔俾阿衡[24]으로 專美有商하라 惟后非賢不乂하고 惟賢非后不食하나니 其爾克紹乃辟于先王하야 永綏民하라 說이 拜稽首曰 敢對揚天子之休命하리이다

23_保衡 : 탕 천자 때의 재상 이윤.
24_阿衡 : 위와 같음.

임금이 이르시되, 아아, 열(說)이여! 온 세상 사람이 모두 다 내 덕(德)을 우러름은 그대의 영향이라. 팔과 다리가 있어야 사람이 되듯 어진 신하가 있어야 성인(聖人)이 되니라. 옛날의 재상 보형(保衡)이 우리 선왕(先王)을 일으켜 말하되, 내가 능히 그 임금으로 하여금 요순(堯舜)처럼 되게 하지 못하면 그 마음의 부끄러움이 저자에서 종아리를 맞음과 같으며, 한 지아비라도 옳게 되지 못하거든 이르되 나의 허물이라 하여 우리 열조(烈祖)를 도와서 황천(皇天)께 다다르니라. 그대는 바라건대 나를 밝게 도와서 아형(阿衡)으로 하여금 상(商)나라의 아름다움을 오로지 하게 하지 말라.

임금은 어진 이가 아니면 다스리지 못하고 어진 이는 임금이 아니면 녹을 받지 못하나니 그대는 능히 그대의 임금을 선왕(先王)께 이어서 길이 백성을 편안케 하라.

열(說)이 두 손 모아 절하며 이르되, 감히 천자(天子)의 아름다운 명(命)을 선양(宣揚)하리이다.

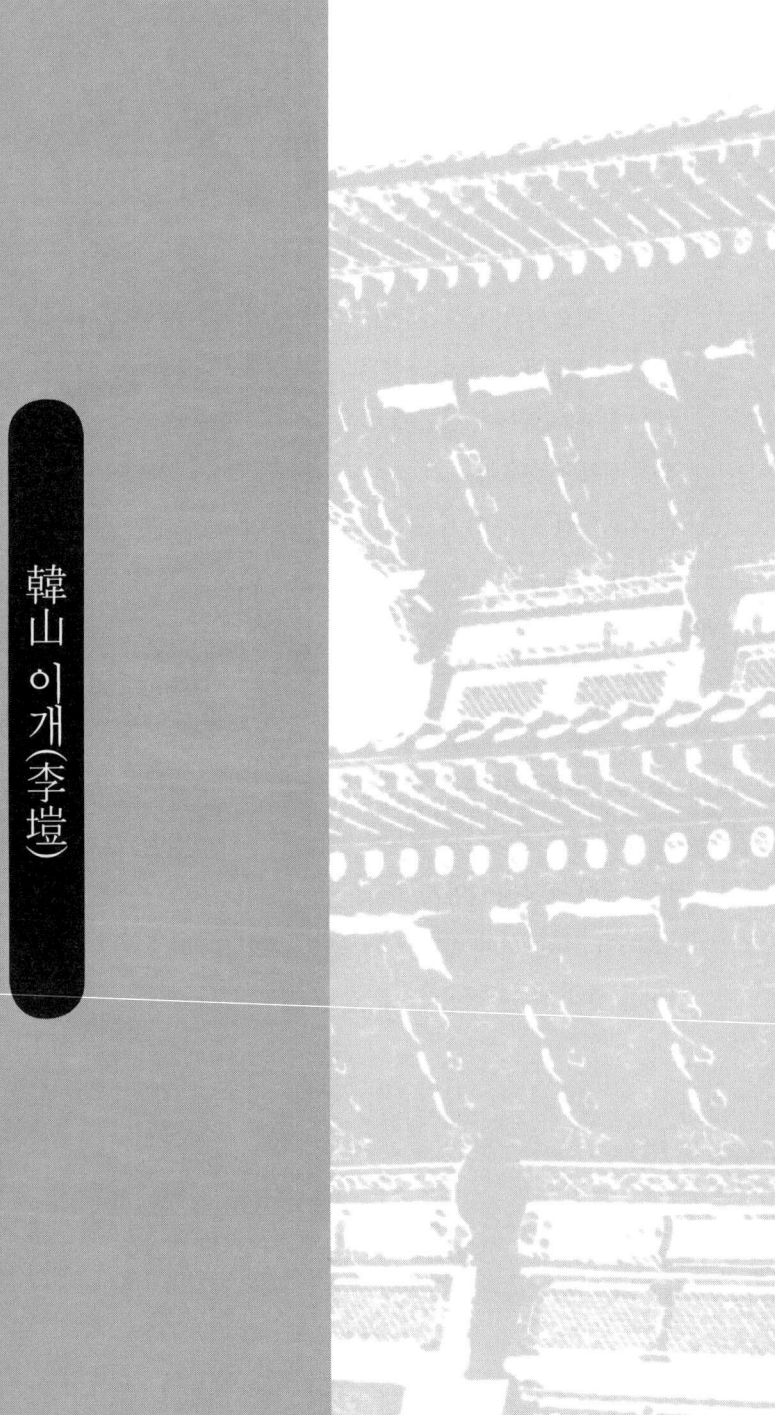

韓山 이개(李塏)

房안에 혓는 燭불

房안에 혓는 燭불 눌과 離別ᄒᆞ엿관ᄃᆡ
것츠로 눈물디고 속타는 쥴 모로는고
뎌 燭불 날과 갓트여 속타는 쥴 모로도다

방 안에 켜 있는 촛불은 누구와 이별하였길래
겉으로 눈물을 흘리고 속 타는 줄 모르는가.
저 촛불도 나와 같아서 속 타는 줄 모르는구나.

淸甫 韓山 李塏

직이온(直而溫)

강직(剛直)하되 온화(溫和)로움을 함께 지닐 것을 강조함이다.

地位淸高道自腴超然物
外夢仙區烟霞洞寮花開
落竹樹林深路有無溔說
丹砂能換骨何須白日强
懸壺披圖爲想神遊適愧
我心塵跡更蕪

韓山李塏

이개(李塏) 筆「詩」

地位淸高道自腴, 超然物外夢仙區.
烟霞洞密花開落, 竹樹林深路有無.
漫說丹砂能換骨, 何須白日强懸壺.
披圖爲想神遊適, 愧我心塵跡更蕪.

지위가 높고 성품이 고결하신 분 천도를 더욱 넓히시어
태초의 이상 세계를 꿈꾸시었네.
안개가 서려 있는 듯한 그윽한 동네에 꽃이 피고지고
대나무 숲 깊은 곳에 길이 있는 듯 없는 듯,
호화스럽고 사치스러운 생활로 근본을 변하게 할 수 있다는 것도
부질없는 소리.
어찌하여 여러 나날을 쓸데없는 일에 매달렸던 것인가.
그림을 펴 놓고 이상 세계에 마음껏 노닐고도 싶으나
내 마음속에 깨끗하지 못한 생각 지나온 행동이 난무하여 부끄럽기만 하구나.

오자지가(五子之歌)[25]

太康尸[26]位하야 以逸豫로 滅厥德하니 黎民咸貳커늘 乃盤遊無度하야 畋于有洛之表하야 十旬弗反하니라 有窮后羿가 因民弗忍하야 距于河하니라 厥弟五人이 御其母以從하야 徯于洛之汭하더니 五子咸怨하야 述大禹之戒하야 以作歌하니라

25_서경(書經).

26_尸 : 제사 지낼 때 서 있었던 시동. 즉 정사를 돌보지 않았다는 표현.

태강(太康)이 위(位)에 시(尸)하여 일예(逸豫)[27]로써 덕(德)을 멸(滅)하니 여민(黎民)이 모두 두 마음을 갖거늘 놀이함을 무도(無度)히 즐기어 낙(洛)의 표(表)에 사냥하여 십순(十旬)을 돌아오지 아니하니라. 궁(窮)의 제후 예(羿)가 백성이 견디지 못함을 인(因)하여 하(河)에 막으니라. 그 아우 오인(五人)이 그 어미를 모시고 따라가 낙(洛)의 물굽이에서 기다리더니, 오자(五子)가 모두 원망하여 대우(大禹)의 경계를 서술하여 이로써 노래를 지으니라.

27_逸豫 : 편안하고 안일함.

其一日 皇祖有訓하시니 民可近이언정 不可下니라 民惟邦本이니 本固라사 邦寧하나니라 予視天下혼대 愚夫愚婦 一能勝予라 一人三失이어니 怨豈在明이리오 不見是圖니라 予臨兆民호되 懍[28]乎若朽索之馭六馬하노니 爲人上者는 奈何不敬고 其二日 訓에 有之하시니 內作色荒이나 外作禽荒이나 甘酒嗜音이니 峻宇雕牆이나 有一于此하면 未或不亡이니라 其三日 惟彼陶唐[29]으로 有此冀方하시니 今失厥道하야 亂其紀綱하야 乃底滅亡이로다 其四日 明明我祖는 萬邦之君이시니 有典有則[30]하사 貽厥子孫이라 關石和鈞[31]이 王府에 則有하니 荒墜厥緖하야 覆宗絕祀로다 其五日 嗚乎曷歸오 予懷之悲여 萬姓이 仇予하나니 予將疇依오 鬱陶乎라 予心이여 顔厚有忸怩호라 弗愼厥德이어니 雖悔可追아

28_懍 : 오행에 근본이 되는 금, 목, 수, 화, 토 다섯 가지 물질에 땅에서 생산되는 곡식으로 사람이 살았음을 여섯 말에 비유한 것으로, 즉 정사를 잘 돌보지 못함을 뜻하는 말.

29_陶唐 : 요제.

30_有典有則 : 문물제도.

31_關石和鈞 : 태평성대를 이루어 사람들이 부르는 노랫소리가 듣기에 즐거웠다는 표현.

그 하나가 이르되, 황조(皇祖)께서 훈(訓)을 두시니 백성은 가(可)히 가까이 할지언정 가(可)히 얕보지 못할 것이니라. 백성은 나라의 근본이니 근본이 굳어야만 나라가 편안하니라.
내 천하(天下)를 둘러보건대 우부(愚夫)와 우부(愚婦)가 한결 능(能)해 나보다 훌륭해 보이나니라. 한 사람이 실수함이 셋이어니 어찌 원망이 분명해지기 기다리리요. 나타나지 않았을 때 이를 도모할지니라. 만백성을 임(臨)하되 두려워하여 썩은 새끼로 육마(六馬)를 어거함과 같이 하노니, 남의 위에 있는 자(者)가 어찌 공경치 아니하겠는고. 그 둘이 이르되, 훈(訓)에 두셨으니 안으로 색황(色荒)을 하거나, 밖으로 금황(禽荒)을 하거나, 술을 좋아하거나, 소리를 즐기거나, 집을 높이 하거나, 담을 아로새기거나, 어느 하나라도 이에 있으면 망(亡)치 아니하는 이 없으리라.
그 셋이 이르되, 저 도당(陶唐)으로 기방(冀方)을 두시니 이제 그 도(道)를 잃고, 기강(紀綱)이 어지러워져 멸망(滅亡)함에 이르렀도다.
그 넷이 이르되, 밝고 밝으신 우리 할아버지 만방(萬邦)의 임금이시니, 전장(典章)을 두시며 법칙(法則)을 두시어 그 자손(子孫)에 주신지라. 관(關)하는 석(石)과 화(和)하는 균(鈞)이 왕부(王府)에 곧 있나니, 그 비롯됨은 황추(荒墜)하여 종(宗)을 엎지르며 후(後)를 끊는도다.
그 다섯에 이르되, 아아, 어디로 돌아갈꼬. 내 슬픔이여, 만백성이 우리를 원수로 하나니 장차 우리는 누구를 의지할꼬. 답답하고 안타까웁도다. 내 마음이여, 낯이 두꺼워지듯 부끄러워라. 그 덕(德)을 삼가지 못하였으니 비록 뉘우친들 가(可)히 좇을 수 있을꼬.

順天 김종서(金宗瑞)

朔風은 나모긋틱 불고

朔風은 나모긋틱 불고 明月은 눈속에 츤듸
萬里邊城에 一長劍 집고셔셔
긴 프람 큰 흔소릭에 거칠 꺼시 업세라

쌀쌀한 북풍은 앙상한 나뭇가지를 스치고,
중천에 뜬 밝은 달은 눈으로 덮힌 산과 들을 비쳐 싸늘하기 이를 데 없거늘,
이때 멀리 떨어져 있는 국경의 성루에 한 장수가 올라 긴 칼을 힘있게 짚고 서서
긴 휘파람과 외치는 고함소리 앞에는 감히 거치는 것이 없구나.

節齋 順天 金宗瑞

난이경(亂[32]而敬)

다스리면서도 공경하는 마음을 지니는 것이니 올바른 덕(德)으로 나라를 다스리고 온갖 사물(事物)을 가벼이 여기지 않는 마음이다.

32_亂 : 순제 시대에는 '다스릴 난' 자로 쓰였음.

高軒瓊琚朕　詞林日月光吐吞
挍園且讀記樂以窮朝昏人生匪
金石百歲如電安得挍仙桃移
種
紫薇垣叱彼三偷覷芳叢奉吾
君

節齋金宗瑞

桃源入夢魂 夢魂歸桃源 神變
至無端孰能知化 元是父繼周公
之蹠天地根 前後同一揆 夢見
何頻繁 黃粱與南柯誕妄無
足論 達者夢神仙 至此為此
言子晉多道氣 早歲厭塵喧
袞袞物外念 富貴如浮雲 湯々
武陵路杳杳 秦人坤偶與幽夢會

몽유도원도에 실린 김종서의 친필 詩

김종서(金宗瑞) 筆「詩」

桃源入夢魂, 夢魂歸桃源.
神變互無端, 孰能知化元.
尼父繼周公, 足躡天地根.
前後同一揆, 夢見何頻繁.
黃粱與南柯, 誕妄無足論.
溓者夢神仙, 至哉爲此言.
子晋多道氣, 早歲厭塵喧.
袞袞物外念, 富貴如浮雲.
漫漫武陵路, 杳杳秦乾坤.

도원이 꿈속에 영혼으로 들어오고, 꿈속에 영혼이 도원으로 돌아갔네.
정신의 변화는 서로 단서조차 없으니 누가 능히 천지 근원의 변화함을 알리오.
공자께서 주공을 이으시어 천지 근원을 헤아리시어 전후대의 성현이 한결같은 해석으로 얼마나 번번이 꿈에 그리었던가.
황량몽과 남가몽은 허황하고 망령되어 말할 바도 못 되는 것.
천도에 통달한 이가 신선을 꿈꾼다 하였거니 이 말이 참으로 지극하도다.
왕자진이 천도의 기운을 많이 알고 있어 일찍이 세간의 시끄러움을 싫어하였다네.
하늘의 도리를 두려이 여기며 부유하고 존귀함을 뜬구름 같이 여겼네.
무릉도원에 이르는 길은 아득하게 펼쳐지고, 하늘과 땅의 존재 이치가 고요하게 드러나네.

偶與幽夢會, 搜索恣騰騫.
覺來命工畫, 萬象得全渾.
千古避世地, 一夕移高軒.
瓊琚暎詞林, 日月光吐吞.
披圖且讀記, 樂以窮朝昏.
人生匪金石, 百歲如電奔.
安得拔仙桃, 移種紫薇垣.
叱彼三偷兒, 萬歲奉吾君.

여러 사람 꿈속에 모여 깊이 사색하며 도원에 올라가 샅샅이 둘러 보았네.
꿈에 깨어나서 화공에게 그리도록 하니, 만물의 온갖 형상이 온전하게 어우러졌네.
천여 년간 피하여 오던 도원을 안평대군께서 하루 저녁에 옮겨 놓으시자, 사림의 빼어난 인물들 주옥 같은 글을 덧붙이니, 해와 달의 빛처럼 눈부시게 빛나네.
그림을 펼쳐 놓고 기문을 읽어 보니, 즐거움에 해 저무는 것도 잊어버렸네.
인생은 쇠나 돌처럼 오래 가지 못하여 백 년 세월도 번개처럼 지나네.
신선의 도원을 어떻게 안전하게 우리의 대궐에 옮겨 놓을 수 있을까.
삼투아를 꾸짖어 만세토록 우리 군께 바치고져.

문후지명(文候之命)[33]

王若曰 父義和아 丕顯文武克愼明德하사 昭升于上하며 敷聞在下하신대 惟時上帝集厥命于文王하시니라 亦惟先正이 克左右하야 昭事厥辟하야 越小大謀猷에 罔不率從이라 肆先祖懷在位하시니라 嗚呼라 閔予小子는 嗣造天丕愆하야 殄資澤于下民이라 侵戎으로 我國家純커늘 即我御事는 罔或耆壽俊在厥服하며 予則罔克이라 曰惟祖惟父아 其伊恤朕窮하라 嗚呼라 有績이면 予一人永綏在位하리라

[33] 서경(書經).

왕(王)이 일러 이르시되, 부의화(父義和)여! 크게 밝으신 문무(文武)께서 덕(德)을 삼가 밝히시어 위로 밝게 오르며, 널리 세상에 들리신대 이에 상제(上帝)가 그 명(命)을 문왕(文王)께 내리시니라. 또한 선정(先正)이 능히 보필하여 그 임금을 밝게 섬겨 작고 큰 모유(謀猷)에 좇지 아니치 아니한지라 이에 선조(先祖)가 편안히 위(位)에 계시니라. 오호라, 가련한 나 소자(小子)는 이음에 하늘의 큰 허물을 지어 하민(下民)에 재물과 은택이 끊기고 융(戎)이 침(侵)함으로 우리 국가(國家)를 어렵게 하거늘 곧 우리 어사(御事)가 혹 늙으며 준(俊)이 그 복(服)에 있지 아니함은 내 능치 못함이라.

이르시되, 조(祖)와 부(父)여! 나의 몸을 걱정하라. 오호라, 공적(功績)을 두면 나 일인(一人)은 길이 편안히 위(位)에 있으리라.

父義和아 汝克昭乃顯祖하고 汝肇刑文武하야 用會紹乃
辟하야 追孝于前文人하라 汝多修扞我于艱하니 若汝는
予嘉니라 王曰 父義和아 其歸視爾師하야 寧爾邦하라
用賫爾秬鬯一卣와 彤弓一과 彤矢百과 盧弓一과 盧矢
百과 馬四匹하노니 父往哉하야 柔遠能邇하며 惠康小
民하야 無荒寧하야 簡恤爾都하야 用成爾顯德하라

부의화(父義和)여! 네 능히 밝으신 조(祖)를 밝히고 네 문무(文武)를 처음 법하여 네 임금을 합(合)하며 이어서 옛날 문덕(文德) 있는 사람을 좇아 효(孝) 하라. 네 많이 수(修)하여 나를 어려움에서 보호하니 너 같은 이를 내 아름다이 여기는 것이니라.

왕(王)이 이르시대, 부의화(父義和)여! 너는 돌아가 백성들을 보살피어 네 나라를 편안하게 하라. 너에게 검은 기장술 한 병과, 붉은 활 한 개와, 붉은 화살 백 대와, 검은 활 한 개와, 검은 화살 백 대와, 말 네 필을 내리노니 부(父)는 돌아가 먼 데 사람들은 달래고, 가까운 데 사람들은 도와서 소민(小民)을 사랑하고 편안하게 하여 편히 놀지 말고, 네 도읍(都邑)을 살피고 걱정하여, 네 밝은 덕을 이루라.[34]

34_주나라의 유왕(幽王)은 포사(褒姒)를 총애하여, 정부인(正夫人) 신후(申后)를 버리고 태자인 의구(宜臼)를 추방하였다. 얼마 후 유왕이 피살되자, 진의 문후와 정(鄭)의 무공(武公)은 의구를 옹립하여 평왕(平王)으로 받들었다.

文化 유성원(柳誠源)

草堂에 일이 업서

草堂에 일이 업서 거믄고를 베고 누어
太平聖代를 꿈에나 보려트니
門前에 數聲漁笛이 줌든 날을 씨와다

초당에 한가하게 앉았다가 거문고를 베고 누워,
태평성대를 꿈에나 볼까 하였더니
문 밖에서 어부들이 시끄럽게 떠드는 소리가 나를 기어이 깨워 놓고 마는구나.

太初 文化 柳誠源

원이공(愿而恭)

성실하며 동시(同時)에 공손한 것이니 성실(誠實)한 마음으로 모든 일을 해 나가되, 항상 공손한 태도를 지녀야 한다는 것이다.

대동(大東)[35]

有饛簋飧　그릇엔 밥이 수북하고
유몽궤손

有捄棘匕　대추나무 주걱 굽었네.
유구극비

周道[36]如砥　한길은 숫돌처럼 평평한데
주도여지

其直如矢　곧은 품이 화살 같네.
기직여시

君子所履　임네가 그 길 가시면
군자소리

小人所視　백성들은 뒤따르기 마련.
소인소시

睠言顧之　이 세상 둘러보아야
권언고지

潸言出涕　눈물만 볼을 적시네.
산언출체

35_시경(詩經). 은나라의 현자가 망국의 한을 읊은 시.
36_周道 : 천도(天道).

小東大東	크고 작은 동방의 나라들
소동대동	
杼柚其空	짜개질도 들통이 났네.
저축기공	
糾糾葛屨	어설픈 칡신 신고
규규갈구	
可以履霜	서리 위를 다녀야 하네.
가이이상	
佻佻公子	공자들은 몸도 가벼이
조조공자	
行彼周行	한길을 웃으며 가네.
행피주행	
既往既來	그 오가는 모양
기왕기래	
使我心疚	내 가슴 조이게 하네.
사아심구	

有洌氿泉　산허리 차가운 샘물아
유렬궤천

無浸穫薪　땔나무 적시지 마라.
무침확신

契契寤歎　잠 깨어 탄식하노니
계계오탄

哀我憚人　슬픈 것은 우리 백성들.
애아탄인

薪是穫薪　젖어도 나무는 나무이기에
신시확신

尙可載也　수레에 실어서 가져가야지.
상가재야

哀我憚人　슬픈 것은 우리 백성들.
애아탄인

亦可息也　잠시라도 쉬어 봐야지.
역가식야

東人之子　동쪽 나라 우리네
동인지자

職勞不來　고생뿐 위로도 받지 못하나.
직로불래

西人之子　서쪽 나라 사람은 때를 만난 듯
서인지자

粲粲衣服　옷치장도 찬란히 거드럭대네.
찬찬의복

舟人之子　배 부리는 무리들마저
주인지자

熊羆是裘　곰이나 말곰 갖옷 걸치고
웅비시구

私人之子　남의 집 사는 종들까지
사인지자

百僚是試　온갖 감투를 쓰네.
백료시시

或以其酒　좋은 술대접 해도
혹이기주

不以其漿　맹물만치도 아니 여기고
불이기장

鞙鞙佩璲　구슬줄 바칠지라도
현현패수

不以其長　길기로 탐탁치 않다니.
불이기장

維天有漢　하늘엔 은하수 굽이굽이
유천유한

監亦有光　눈부시게 흐르네.
감역유광

跂彼織女　　직녀(織女)를 우러르니
기피직녀

終日七襄　　진종일 일곱 자리 옮겨 앉네.
종일칠양

雖則七襄　　일곱 자리 옮겨 가도
수즉칠양

不成報章　　내게 놓은 비단 안 짜주고
불성보장

睆彼牽牛　　번쩍이는 견우(牽牛)조차도
환피견우

不以服箱　　수레 끌어주지 않네.
불이복상

東有啓明　　동쪽에는 계명성(啓明星) 뜨고
동유계명

西有長庚　　서쪽에는 장경성(長庚星) 돋고
서유장경

有捄天畢　　필성(畢星)은 토끼 그물 쳐 놓은 듯
유구천필

載施之行　　하늘에 버틴들 그 무슨 소용?
재시지항

維南有箕　남쪽의 기성(箕星) 키라고 하여
유남유기

不可以簸揚　나락을 까불 수도 없고
불가이파양

維北有斗　북쪽의 북두성(北斗星) 구기 같기로
유북유두

不可以挹酒漿　술을 떠 마실 순 없네.
불가이읍주장

維南有箕　남쪽의 기성 입 벌리고
유남유기

載翕其舌　혀 내밀어 삼키는 형상.
재흡기설

維北有斗　북쪽의 북두성 구기 자루는
유북유두

西柄之揭　서쪽에 걸렸네, 동을 향하여!
서병지갈

杞溪 유응부(俞應孚)

간밤의 부던 브람에

간밤의 부던 브람에 눈서리 치단말가
낙락장송이 다 기우러 가노미라
ᄒ믈며 못다 픤 곳이야 닐러 므슴ᄒ리오

간밤에 불던 몹쓸 바람에 눈과 서리까지 몰아쳤단 말인가.
곧고 푸르던 낙락장송도 그리하여 다 쓰러져 가는구나.
하물며 다 피지 못한 꽃이야 말해서 무엇하리오.

信之 杞溪 俞應孚

강이색(剛而塞)

군세되 독실함을 지닌 것이다.

하초불황(何草不黃)[37]

何草不黃 何日不行
하초불황 하일불행
何人不將 經營四方
하인부장 경영사방

노랗게 시들지 않는 풀 없듯이 언제고
가지 않는 날이 없구나.
너나 할 것 없이 끌려 나가
사방의 난리 다스리네.

何草不玄 何人不矜
하초불현 하인불관
哀我征夫 獨爲匪民
애아정부 독위비민

까맣게 마르지 않는 풀 없듯이
어느 누구 홀아비 아닌 이 없네.
애달프다, 우리 병사들이여,
사람 대접 받지 못하네.

---

[37] _시경(詩經).

匪兕匪虎 率彼曠野 비시비호 솔피광야	들소도 호랑이도 아니건만 저 광야 헤매는 신세가 되었네.
哀我征夫 朝夕不暇 애아정부 조석불가	가엾도다, 우리 군사들이여, 아침저녁 틈이 없네.
有芃者狐 率彼幽草 유봉자호 솔피유초	꼬리 긴 여우 한 마리 우거진 풀숲 사이를 쏘다니네.
有棧之車 行彼周道 유잔지거 행피주도	짐수레 끌고 터벅터벅 끝없이 뻗은 저 큰길을 한없이 걸어가네

군자(君子)의 강(强)함[38]

子路, 問强하니 子曰 "南方之强與아 北方之强與아 抑而强與아 寬柔以敎하고 不報無道함은 南方之强也니 君子, 居之니라 袵金革하여 死而不厭은 北方之强也니 而强者 居之니라 故로 君子는 和而世流하나니 强哉矯여 中立而不倚하나니 强哉矯여 國有道에 不變塞焉하나니 强哉矯여 國無道에 至死不變하나니 强哉矯여"

[38] 중용(中庸).

자로(子路)가 강(强)함에 관하여 물었다.

공자(孔子)께서 "남방(南方)의 강(强)함인가? 북방(北方)의 강(强)함인가? 그렇지 않으면 너의 강(强)함인가? 너그럽고 부드러움으로 가르치고 무도(無道)한 짓에도 앙갚음하지 아니함은 남방의 강함이니, 군자(君子)가 그렇게 처신(處身)한다. 창검(槍劍)과 갑주(甲冑)를 깔고 죽어도 한(恨)하지 아니함은 북방의 강함이니, 강(强)한 자(者)가 그렇게 처신(處身)한다.

그러므로 군자(君子)는 화(和)하면서도 흐르지 아니하나니 강하도다 그 꿋꿋함이여! 중(中)에 서서 기울지 아니하니, 강하도다 그 꿋꿋함이여! 나라에 도(道)가 있어 입신(立身)하게 되어도 궁색(窮塞)했던 때의 마음가짐을 변(變)치 않나니, 강하도다 그 꿋꿋함이여! 나라에 도(道)가 없어 죽게 되더라도 지조(志操)를 변(變)치 않나니, 강하도다 그 꿋꿋함이여!" 라고 하셨다.

晉州 하위지(河緯地)

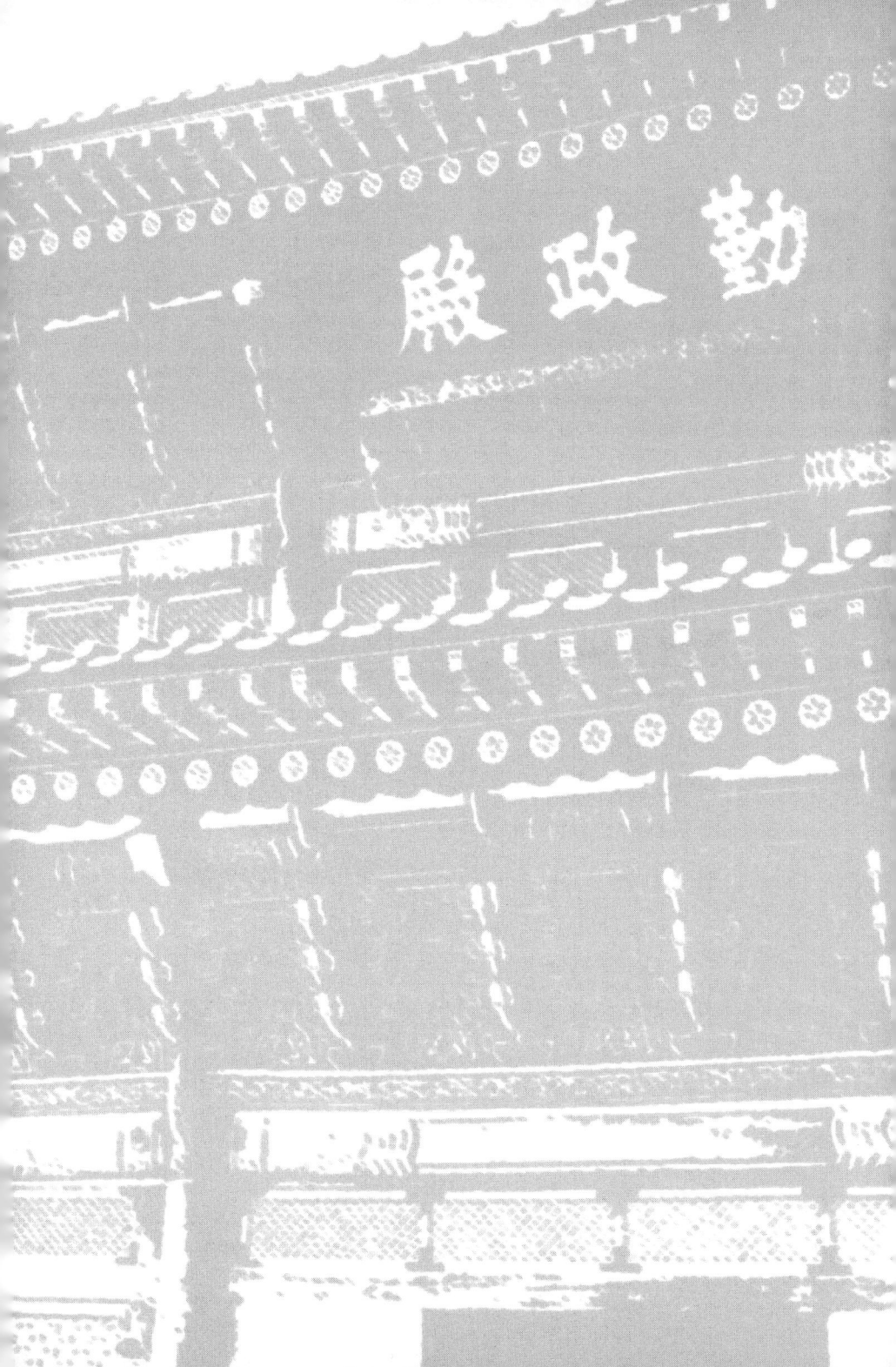

客散門扃 ᄒ고

客散門扃ᄒ고 風微月落홀 졔
酒甕을 다시 열고 詩句 훗부러니
아마도 山人得意ᄂᆞᆫ 이 샏인가 ᄒ노라

손님도 돌아가고 문을 닫고 나니
바람도 있는 듯 없는 듯 약하고 달도 져서 캄캄할 때에
술독을 다시 열어 놓고 되는 대로 시구를 읊어 본다.
아마도 속세를 떠나 은거하고 있는 나의 가장 즐거운 일은
이렇게 술 마시고 시구를 읊는 것이 아니겠는가.

仲章 晉州 河緯地

유이립(柔而立)

부드러우면서 굳셈이니 온화(溫和)한 마음씨와 동시(同時)에 스스로를 확립(確立)하는 주관(主觀)을 세워 만사(萬事)를 확고(確固)한 신념(信念)으로써 처리할 수 있음이다.

습상(隰桑)[39]

隰桑有阿 其葉有難
습상유아 기엽유나
旣見君子 其樂如何
기견군자 기락여하

진펄의 뽕나무 아름답고
이 잎새 무성하네.
미더운 우리 임 만나 뵈니
그 즐거움 이루 말할 수 없네.

隰桑有阿 其葉有沃
습상유아 기엽유옥
旣見君子 云何不樂
기견군자 운하불락

진펄의 뽕나무 아름답고
그 잎새 부드럽네.
미더운 우리 임 만나 뵈니
어찌 아니 즐겁겠는가.

[39] _시경(詩經).

隰桑有阿 其葉有幽 진펄의 뽕나무 아름답고
습상유아 기엽유유 그 잎새 검푸르네.
旣見君子 德音孔膠 미더운 우리 임 만나 뵈니
기견군자 덕음공교 부드러운 마음씨 변함없다네.

心乎愛矣 遐不謂矣 마음속으론 사랑하면서
심호애의 하불위의 왠지 입 밖에 내지 못하네.
中心藏之 何日忘之 가슴속에 간직한 이 생각
중심장지 하일망지 어찌 하루인들 잊으리오.

迎日 정몽주(鄭夢周)

단심가(丹心歌)

此身死了死了 一白番更死了
白骨爲塵土 魂魄有也無
向主一片丹心 寧有改理也歟

이 몸이 죽고 죽어 일백 번 고쳐 죽어
백골이 진토되어 넋이라도 있고 없고
임 향한 일편단심이야 가실 줄이 있으랴.

圃隱 迎日 鄭夢周

요이의(擾而毅)

온순하면서 굳셈이니 고집을 내세워 사사로운 감정을 앞세우지 않되 바른 일은 끝까지 지키려 하는 굳셈을 이름이다.

정몽주의 정충대절(精忠大節)

程子曰, 人當於有過中求無過, 不當於無過中有過, 以圃隱之精忠大節, 可謂經緯天地, 棟梁宇宙, 而世之好議論, 喜攻發不樂成人之美者, 曉曉不已, 滉每欲掩耳而不聞, 不意君亦有此病也.[40]

정자(程子)가 말하기를 "사람은 마땅히 허물이 있는 가운데서 허물 없기를 찾을 것이며, 허물이 없는 가운데서 허물 있기를 구해서는 안 된다"고 하였다. 정몽주의 정충대절(精忠大節)은 가히 천지의 경위(經緯)가 되고 우주의 동량(棟梁)이 될 만하다 하겠다. 그런데 세상에 의논을 좋아하고 헐뜯기를 잘해서 남의 아름다움을 이루어 주기를 즐겨하지 않는 자들이 떠들어 마지않으니, 나는 매양 귀를 막고 그런 말을 듣지 않으려 하는데, 그대 역시 그런 병통이 있는지는 생각지도 못했다.

40_『退溪全書』, 권39, 「答鄭道可述問目」『한국 도학의 단서를 열다, 정몽주』, 정성식, 성균관대학교 출판부, 2009년. P. 133.

圃翁風烈振吾東 作廟渠渠壯學宮 寄語藏修諸士子 淵源
節義兩堪宗.[41]

정몽주의 거센 바람 우리나라에 떨치니
사당도 학궁도 우람하고 그윽하네
공부하는 모든 선비에게 말하노니
연원과 절의 둘 다 으뜸이라네.

41_退溪全書』, 권4, 「臨皐書院」『한국 도학의 단서
를 열다, 정몽주』, 정성식, 성균관대학교 출판부,
2009년 P. 133.

둔촌의 권자시(遁村卷子詩)[42]

箕子以明夷
萬歲訓皇極[43]
重耳嘗險阻
諸侯宗晉國
乃知古之人
處困斯有益
先生昔避仇
崎嶇竄荊棘
觀者爲酸辛
惟子若自得
愈挫氣愈厲
烈火知良玉
天敎群邪輩
一朝斂蹤跡
却來尋遁村
盤桓撫松菊

42_『한국 도학의 단서를 열다, 정몽주』, 정성식, 성균관대학교 출판부, 2009년 P. 197.
43_皇極 : 서경에 실린 홍범구주를 지칭.

기자는 명이로서
황제의 유훈을 만세에 전하도록 하였고,
중이는 일찍이 험난하였으니
제후가 진나라를 종주 삼았네.
그리하여 알겠으니 예전 사람들
곤란에 처한 것이 유익했음을
선생은 예전에 원수를 피하여
기구하게 형극에 내쳐졌네.
보는 이 괴롭게 여겼으나
오직 그대는 자득한 듯했네.
꺾을수록 기개를 더욱 돋우니
타는 불꽃이 좋은 옥을 알아보네.
하늘이 여러 사악한 무리들 교화시키니
하루아침에 종적을 거두었네.
도리어 둔촌으로 찾아와서
서성이며 소나무와 국화 어루만지네.

지화명이(地火明夷)[44]

象辭

明入地中이 明夷니 君子以하여 莅衆에 明晦而明하나니라 君子于行은 義不食也라 六二之吉은 順以則也일세라 南狩之志를 乃大得也라 入于左腹은 獲心意也라 箕子之貞은 明不可息也라 初登于天은 照四國也요 後入于地는 失則也라

[44] 주역(周易).

밝은 빛이 땅 속으로 들어가는 것이 명이괘(明夷卦)이다. 군자는 이 것으로 백성들에게 임(臨)할 때에는 어두운 것으로써 밝게 하고자 한다. '군자가 길을 떠나는 것이다' 함은 의리상 먹지 않는다는 것이며, '육이(六二)가 좋다' 함은 유순함으로 인하여 법칙을 삼는다는 것이다. '남쪽으로 정벌 가는 뜻이라' 함은 바로 크게 얻는다는 것이며, '왼쪽 배로 들어간다' 함은 그 마음을 얻는다는 것이다. '기자의 마음은 곧고 바르다' 함은 밝음이 쉬지 않는다는 것이다. '처음에 하늘을 오른다' 함은 나라 곳곳에 비친다는 것이요, '다음에 땅으로 들어간다' 함은 정도(正道)를 잃었다는 것이다.

몽(夢)[45]

世人多夢寐. 夢罷旋成空.
自是因思慮, 何能有感通.
殷家得傅說, 孔氏見周公.
此理人如問, 當求至精中.

45_포은 시.『韓國의 漢詩, 圃隱 鄭夢周 詩選』, 허경진 옮김, 평민사, 2000년, PP. 33~34.

세상 사람들이 꿈을 많이 꾸건만
깨고 나면 곧바로 헛것이 되네.
이런걸 보고 생각해 보면
어찌 감통이 있을 수 있나.
은나라는 꿈에서 부열을 얻고
공자는 주공을 보았으니
이 이치를 사람이 만약 물으면
지극히 고요한 가운데 구해야 하네.

順興 안중근(安重根)

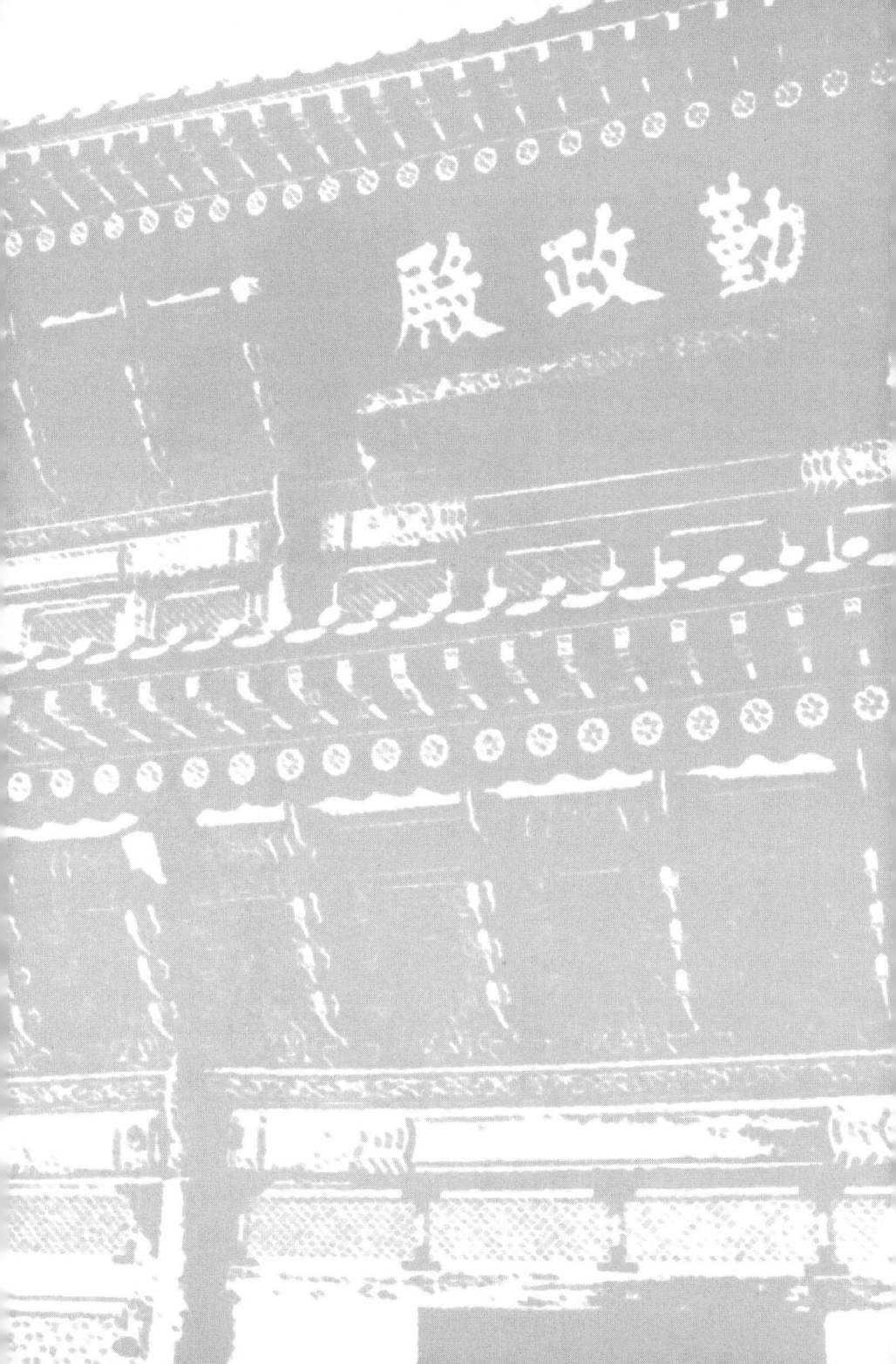

강이의(彊而義)

날쌔고 의로움이니 용맹스럽고 정의에 굽히지 않는 투철한 정신(精神)을 갖출 것을 말함이다.[46]

---

[46] 불의를 못 참고 정의를 위해서 하는 행동도 강해야 행할 수 있고, 악행도 강해야 할 수 있는데, 강이의(彊而義)는 올바른 일에 강해야 함을 표현한 말이다.

見利思義見危授命

庚戌三月 於旅順獄中 大韓國人 安重根 書

헌문편(憲問篇)[47]

子路問成人한대 子曰 若臧武仲之知와 公綽之不欲과 卞莊子之勇과 冉求之藝에 文之以禮樂이면 亦可以爲成人矣니라 曰 今之成人者는 何必然이리오 見利思義하며 見危授命하며 久要不忘平生之言이면 亦可以爲成人矣니라

자로가 덕(德)이 높은 인물 됨에 대하여 묻자, 공자께서 말씀하셨다. "장무중과 같은 지혜와 맹공작과 같은 청렴함과 변장자와 같은 용감함과 염구와 같은 재주를 갖춘 데다가 예악으로써 학문에 두루 통달한다면 인간 완성이라 할 수 있다" 공자께서는 다시 말을 이어 "그러나 오늘의 인간 완성은 반드시 이렇게까지 되어야 할게 무엇이냐? 이득을 보면 도의를 생각하고, 위태로움을 보면 생명을 바칠 줄 알고, 오랜 약속일지라도 전날의 자기의 말을 잊지 않고 실천한다면 또한 완전(完全)한 유덕자(有德者)가 되리라" 하셨다.

---

[47] _논어(論語).

위령공편(衛靈公篇)

子曰 "人無遠慮면 必有近憂니라"

공자께서 말씀하셨다. "사람은 멀리 생각지 않으면 눈앞에 우환이 있느니라."

歲寒然後知松栢之不彫

庚戌三月 於旅順獄中 大韓國人安重根書

자한편(子罕篇)

子曰 "歲寒然後에 知松柏之後彫也니라"

공자께서 "엄동설한이 된 다음에야 소나무와 잣나무의 절개를 알 수 있다"라고 말씀하셨다.

博學於文約之以禮

庚戌三月 於旅順獄中 大韓國人 安重根 書

옹야편(雍也篇)

子曰 " 君子博學於文이오 約之以禮면 亦可以弗畔
矣夫인저"

공자께서 "군자는 글을 널리 배워, 예에 벗어나지 않게 된다면
도에서 어긋나지 않을 것이다"라고 말씀하셨다.

학명(鶴鳴)

학명(鶴鳴)[48]

鶴鳴于九皐　고요의 구덕이 학 울음처럼
학명우구고
聲聞于野　그 소리 들판 가득 퍼지고
성문우야
魚潛在淵　연못 깊은 곳 물고기
어잠재연
或在于渚　때로 기슭에 노니네.
혹재우저
樂彼之園　즐거울 사 저 동산에는
낙피지원
爰有樹檀　박달나무 솟아 있어도
원유수단
其下維蘀　그 밑에 낙엽만 수북해.
기하유탁
他山之石　다른 산의 돌이라도
타산지석
可以爲錯　구슬 가는 숫돌은 되는 걸.
가이위착

48_시경(詩經).

鶴鳴于九皐　고요의 구덕이 학 울음처럼
학명우구고

聲聞于天　그 소리 하늘 높이 퍼지고
성문우천

魚在于渚　기슭에 노니는 고기
어재우저

或潛在淵　때로 연못 깊이 숨네.
혹잠재연

樂彼之園　즐거울사 저 동산에는
낙피지원

爰有樹檀　박달나무 솟아 있어도
원유수단

其何維穀　그 밑에 닥나무만 자라고
기하유곡

他山之石　다른 산의 돌이라도
타산지석

可以攻玉　숫돌 삼아 구슬은 갈거늘.[49]
가이공옥

[49] 〈학명〉은 은나라 때의 현자가 지은 시이다. 은나라의 현자가 구덕지행과 오륜과 오형제도를 밝혀 사람들의 품성을 바로 잡았던 순제 시대 고요를 상고하며 주역 뇌화풍의 상(象)을 보고 지은 시이다.

뇌화풍(雷火豊)[50]

象辭

雷電皆至 豊이니 君子以하여 折獄致刑하나니라 雖旬 无咎니 過旬災也리라 有孚發若은 信以發志也라 豊其 沛라 不可大事也요 折其右肱이라 終不可用也라 豊其 蔀는 位不當也일세라 日中見斗는 幽不明也일세요 遇 其夷主는 吉行也라 六五之吉은 有慶也라 豊其屋은 天 際翔也요 闚其戶 闃其无人은 自藏也라

50_주역(周易).

우뢰와 번개가 모두 이르는 것이 풍괘다. 군자는 이것으로써 옥사(獄事)를 판단하여 형벌을 진행한다. '비록 같다 하더라도 허물이 없으리라' 함은 같은 것에서 지나치면 재앙이 있으리란 것이다. '성의를 다해서 마음을 열어준다' 함은 믿음으로 뜻을 분발케 한다는 것이다. '가시덤불이 무성하다' 함은 큰일을 함에 있어서는 불가하다는 것이요, '그 바른 팔을 꺾는다' 함은 끝내 쓸 수 없다는 것이다. '가시덤불이 무성하다' 함은 자리가 부당하다는 것이다. '해 속에서 북두(北斗)를 본다' 함은 어두워서 밝지 않다는 것이다. 육오(六五)가 '좋다' 함은 경사가 있다는 것이다. '그 집을 풍부하게 한다' 함은 하늘가에 날아가는 것처럼 한다 함이요, '그 문을 엿보니 적적해서 사람이 없다' 함은 스스로 몸을 감추는 것이다.

건위천(乾爲天)[51]

彖辭

大哉라 乾元이여 萬物資始하나니 乃統天이로다 雲行雨施하여 品物이 流形하나니라 大明終始하면 大位時成하나니 時乘六龍하여 以御天하나니라 乾道變化에 各正性命하나니 保合大和하여 乃利貞하니라 首出庶物에 萬國이 咸寧하나니라

51_주역(周易).

건원(乾元)의 양기(陽氣)는 크기도 크구나! 만물이 그것에 의하여 힘을 입어서 시작되니, 건(乾)은 하늘의 법칙을 맡아 다스린다. 그리하여 구름이 하늘을 날고 비가 내리어 대지(大地)를 적시게 하므로 그 힘을 힘입어 온갖 물건의 형상이 유전하여 형성된다. 건(乾)의 법칙은 태초에서부터 영원히 끝이 없는 먼 후세에 이르기까지 언제나 크게 밝아서 육효(六爻)의 위치가 제때에 이루어지니, 때때로 여섯 용을 타고서 하늘을 올라간다. 건(乾)의 법칙은 변화함으로써 각각 물건을 타고난 생명을 바르게 발휘하게 되어 큰 화기(和氣)를 보존하고 또한 합치어 바로 이롭고 곧아진다. 만물을 창조하는 건(乾)의 법칙을 본뜨면 성인(聖人)이 만물 위에 서서 천하의 온갖 나라가 다 편안하다.

문언전원문(文言傳原文)[52]

文言曰 元者善之長也 亨者嘉之會也 利者義之和也 貞者事之幹也 君子體仁 足以長人 嘉會足以合體 利物足以和義貞 固足以幹事 君子行此四德者 故曰 乾元亨利貞

[52] 주역(周易).

원(元)은 잘 자라게 한다는 것이다. 건(乾)의 법칙은 위대하여 만물이 나고 자란다. 그러므로 선(善)의 성장(成長)이다.
형(亨)은 발전을 의미한다. 건(乾)의 법칙은 만물이 점점 번영한다. 그러므로 아름답게 모인다는 것이다.
이롭다는 것은 옳게 조화한다는 것이다. 만물이 마땅한 바를 얻는 것이니 의(義)의 조화를 이룬다는 것이다. 정(貞)은 굳세고 마음대로 동요하지 아니함을 의미한다. 만물이 언제나 지켜야 할 영원한 도(道)이므로 사물(事物)의 줄거리란 것이다.
군자(君子)는 인(仁)의 덕(德)을 체득(體得)함으로써 모든 사람을 교육시킬 수 있고, 아름답게 할 예(禮)를 모두 갖춤으로써 예(禮)에 합(合)할 수 있고, 모든 사물이 온화하고 마땅한 바를 얻게 함으로써 의(義)를 조화시킬 수 있고, 성인(聖人)의 도(道)를 굳게 지켜 흔들리지 아니함으로써 사물을 주재(主宰)할 수 있는 것이다. 군자(君子)는 이 네 가지 덕(德)을 실행할 수 있는 사람이다. 그러므로 원(元, 으뜸이 되고) 형(亨, 형통하고) 이(利, 이롭고) 정(貞, 곧다)한 것이다.

강물이 갈라져 흐르듯(江有汜)[53]

江有汜　강물이 갈라져 흐르듯
강유사

之子歸　그 애는 시집갔네.
지자귀

不我以　나를 마다하고.
불아이

不我以　나를 마다하고.
불아이

其後也悔　언젠간 뉘우칠 걸!
기후야회

53_시경(詩經) 소남(召南).

江有渚　강물이 갈라져 흐르듯
강유저

之子歸　그 애는 시집갔네.
지자귀

不我與　나를 싫다 하고.
불아여

不我與　나를 싫다 하고.
불아여

其後也處　언젠간 생각날 걸!
기후야처

江有沱　강물이 갈라져 흐르듯
강유타

之子歸　그 애는 시집갔네.
지자귀

不我過　나를 못 본 체.
불아과

不我過　나를 못 본 체.
불아과

其嘯也歌　아, 나는 슬퍼서 노래하네.
기소야가

匪懈堂 안평대군(安平大君)

몽유도원도(夢遊桃源圖)

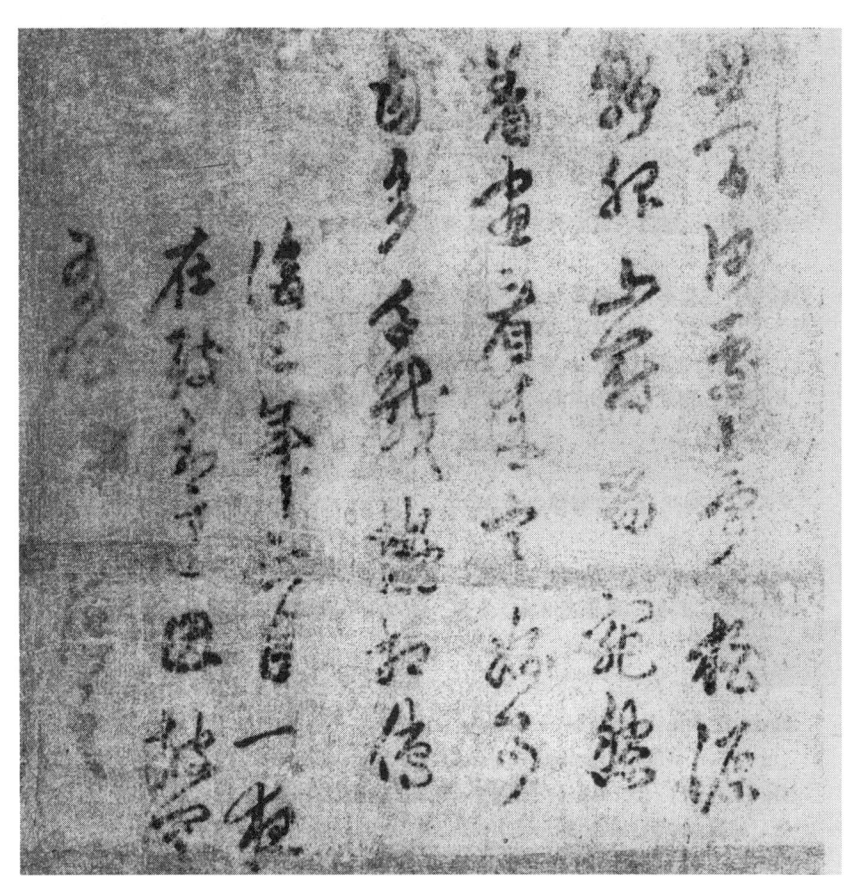

몽유도원도에 실린 안평대군 친필 제시(題詩)

안평대군(安平大君) 필(筆) 「제시(題詩)」

世間何處夢桃源, 野服山冠尙宛然.
箸畫看來定好事, 自多千載擬相傳.
後三年正月一夜, 在致知亭因披閱有作.
淸之.

세간의 어느 곳을 도원의 근원으로 꿈꾸었나.
산관야복 차림새 눈에 선한데,
그림을 걸어 놓고 보니 참으로 훌륭하구나.
천 년을 이대로 전하여 봄직하지 아니한가.
삼 년 뒤 정월 초하룻날 밤,
치지정(致知亭)에서 다시 이를 펼쳐 보고서 짓노라.
청지(淸之).

于通都大邑固繁華名官之所遊宦谷斷崖
乃幽潜隱者之所慶惡故軒冕青紫者迹不
到山林陶情泉石者夢不想巖廊蓋静躁殊
途理之必然也古人有言曰晝之所為夜之
所夢余托身
禁掖風夜從事何其夢之到於山林耶又何到
而至於桃源耶余之相好者多矣何必遊桃
源而從是數子于意其性好幽僻素有泉石
之懷而與數子者交道尤厚故致此也於是
令可度作圖但未知古世所記桃源者亦篤
是乎後之觀者求古圖載我夢必有言也夢
後三日圖既成書于匯僻堂之梅竹軒

歲丁卯四月二十日夜余方就枕精神蓬翺
睡之熟也夢亦至焉忽與仁叟至一山下層
巒深壑嶙峀窈官有桃花數十株微徑抵林
表而分歧細徨竍立莫適兩之遇一人山冠
野服長揖而謂余曰從此徑以北入谷則桃
源也余與仁叟策馬尋之崖磴卓犖林莽蓊
蔚溪回路轉蓋百折而欲迷入其谷則洞中
曠豁可二三里四山壁立雲霧掩靄遠近桃
林照暎蒸霞又有竹林茅宇柴扃半開土砌
已頹無鷄犬牛馬前川惟有扁舟隨浪游移
情境蕭條若仙府然於是跰𨇤瞻眺者久之
謂仁叟曰架巖鑿谷開家室豈不是歟實桃

안평대군(安平大君) 필(筆) 「기문(記文)」

歲丁卯四月二十日夜.
余方就枕, 精神蘧栩, 睡之熟也, 夢赤至焉.
忽與仁叟, 至一山下, 層巒深壑, 嶰崒窈窅, 有桃花數十株, 微徑抵林表而分岐.
徊徨竚立, 莫適所之, 遇一人山冠野服.
長揖而謂余曰……'從此徑以北, 入谷則桃源也.'
余與仁叟, 策馬尋之. 崖磴卓犖, 林莽薈蔚, 溪回路轉, 蓋百折而欲迷.

정묘(丁卯)년 사월 이십일 밤.

내가 막 잠이 들려 할 즈음, 정신이 갑자기 아련해지면서 깊은 잠에 빠지고 이내 꿈을 꾸게 되었다.

홀연히 인수(仁叟)[54]와 더불어 어느 산 아래에 이르렀는데, 겹겹이 싸여 있는 깊은 산골짜기에 높고 높은 산봉우리가 그윽하고 먼듯하게 펼쳐져 있었다.

수십 그루의 복숭아 나뭇가지엔 꽃이 활짝 피어 있고, 그 사이로 오솔길이 나 있는데 숲 가장자리에는 갈림길이 나 있었다.

어느 쪽으로 가야 할지를 몰라 이리저리 허둥대고 서 있는데, 마침 산관야복 차림의 한 사람을 만나게 되었다.

그는 정중히 고개 숙여 인사를 하면서 나에게 말하기를…… "이 길을 따라 북쪽 골짜기에 들어가면 도원(桃源)에 이르게 됩니다" 라고 하였다.

내가 인수와 함께 말을 채찍질하여 찾아 들어가는데, 시냇물은 굽이쳐 흐르고, 길은 구불구불 백 번이나 꺾이어 어느 길로 가야 할지를 모를 지경이었다.

54_仁叟 : 박팽년.

入其谷則洞中曠豁, 可二三里, 四山壁立, 雲霧掩靄, 遠近桃林, 照暎蒸霞.

又有竹林茅宇, 柴扃半開, 土砌已沈, 無鷄犬牛馬, 前川唯有扁舟, 隨浪遊移, 情境蕭條, 若仙府然.

於是跼蹐瞻眺者久之. 謂仁叟曰…'架巖鑿谷, 開家室, 豈不是歟! 實桃源洞也.'

傍有數人在後, 乃貞父, 泛翁等, 同撰韻者也. 相與整履陟降, 顧盻自適, 忽覺焉.

嗚乎通都大邑, 固繁華, 名宦之所遊, 窮谷斷崖, 乃幽潛隱者之所處, 是故紆身靑紫者, 迹不到山林, 陶情泉石者, 夢不想巖廊.

盖靜殊途, 理之必然也.

골짜기로 들어가니 동천(洞天)이 탁 트여 넓이가 이삼 리 정도 되어 보였다. 사방이 산으로 둘러싸여 구름과 안개가 자욱이 서려 있고, 멀고 가까운 복숭아나무 숲에는 햇빛이 비쳐 연기 같은 노을이 일고 있었다. 그리고 대나무 숲속에는 띠풀 집이 있는데, 사립문이 반쯤 열려 있고, 흙으로 만든 섬돌은 거의 다 부스러져 있으며, 닭이나 개, 소, 말 같은 것은 없었다. 마을 앞을 흐르는 시내에는 조각배 한 척이 물결 따라 흔들리고 있어서 그 고즈넉한 정경이 마치 신선 사는 곳인 듯싶었다. 이에 한참 동안을 머뭇거리면서 바라보다가 인수에게 말하기를…… " '암벽에 기둥 엮고 골짜기 뚫어 집 짓는다' 하는 말이 바로 이런 것을 일컫는 것이 아니겠는가? 정녕 이곳이 도원동(桃源洞)이로다" 라고 말하였다.

마침 옆에 몇 사람이 뒤따르고 있었는데 정부(貞父), 범옹(泛翁) 등이 운(韻)에 맞춰 함께 시를 짓기도 하였다. 이윽고 신발을 가지런히 하여 고쳐 신고 함께 걸어 내려오면서 몇 번이고 자꾸 뒤돌아보고, 또 뒤돌아보다가 홀연히 꿈에서 깨어났다.

오호라, 큰 도회지는 실로 번화하여 이름난 벼슬아치들이 노니는 곳이요, 절벽 깎아지른 깊숙한 골짜기는 사색에 몰두하여 수양하는 사람들의 거처이니라.

이런 까닭에 부귀영화를 누리는 벼슬아치는 발걸음이 산속 골짜기에 이르지 못하고, 질박 정직하고 마음 씀이 한결 같은 자는 꿈에도 솟을대문 고대광실을 생각지 않는다. 이는 고요함과 시끄러움이 길을 달리하는 까닭이니 필연적인 이치이기도 한 것이다.

古人有言曰……'晝之所爲, 夜之所夢.'
余托身禁掖, 夙夜從事, 何其夢之到於山林耶? 又何到而至於桃源耶? 余之相好者多矣, 何必遊桃源而從是數子乎? 意其性好幽僻, 素有泉石之懷, 而與數子者交道尤厚, 故致此也.
於是令可度作圖. 但未知古之所謂桃源者, 亦若是乎? 後之觀者, 求古圖, 較我夢必有言也.
夢後三日, 圖旣成, 書于匪懈堂之梅竹軒.

옛사람이 말하기를…… "낮에 행한 바를 밤에 꿈꾼다"고 하였다.
나는 궁궐에 몸을 의탁하여 밤낮으로 일에 몰두하고 있는 터에 어찌하여 산림(山林)에 이르는 꿈을 꾸었단 말인가? 그리고 또 어떻게 도원에까지 이를 수 있었단 말인가? 내가 서로 좋아하는 사람이 많거늘, 도원을 노닒에 있어 나를 따른 자가 이 몇 사람이었는가? 생각건대, 본디 조용하게 사색에 잠기기를 좋아하여 평소에 청결하고 깨끗한 마음을 지녔으며, 여러 사람과 동문수학하며 천도(天道)를 논의하여 생각함이 더더욱 넓고 두터워져서 그러한 연고로 여기에 이르렀을 것이리라.
이에 가도(可度)[55]로 하여금 그림을 그리게 하였다. 옛날부터 일컬어지는 도원이 진정 이와 같았을 것인지 여부는 알 수가 없거니와, 뒷날 이 그림을 보는 사람들이 옛날 그림을 구하여 나의 꿈과 비교하게 되면 무슨 할 말이 있게 될 것이다.
꿈을 꾼 지 사흘째에 그림이 다 되었는지라 매죽헌에서 비해당이 글을 쓰노라.

55_可度 : 화공(畵工) 안견.

덕행(德行)

선행편(善行篇)[56]

劉忠定公이 見溫公하고 問盡心行己之要로 可以終身行之者하니 公이 曰 其誠乎인저. 劉公이 問行之何先이니이꼬. 公이 曰 自不妄語始니라.

유충정공(劉忠定公)이 사마온공(司馬溫公)을 뵙고, 마음을 다하고 몸을 행함에 있어 요긴함으로 가히 써 평생토록 행할 것을 물으니, 사마온공(司馬溫公)이 "그것은 성실함이로다" 라고 말하였다. 유공(劉公)이 "행함에 무엇을 먼저 해야 하나이까?" 하고 물으니, 사마온공(司馬溫公)이 "망녕된 말을 하지 않는 것으로부터 시작하라"고 말하였다.

56_소학(小學).

劉公이 初甚易之러니 及退而自檃栝[57]日之所行과 與凡所言하니 自相掣肘矛盾者多矣러니 力行七年而後에 成하니 自此로 言行一致하고 表裏相應하여 過事坦然하여 常有餘裕니라.

유공(劉公)이 처음에 아주 쉽게 생각했는데, 물러 나와서 스스로 날마다 행하는 것과 더불어 모든 말하는 것을 바로잡으려 하니, 스스로 서로 맞지 않아 모순되는 것이 많더니, 힘써 행하기를 7년 한 뒤에야 이루니, 이로부터 말과 행실이 일치하고, 겉과 속이 서로 응하여, 일을 만남에 마음이 안정되어, 항상 여유가 있게 되었다.

57_檃栝 : 은괄은 나무나 활을 바로잡는 연모로, 여기서는 속마음과 행동을 같게 함을 이른다.

태백편(泰伯篇)[58]

子曰 "大哉라 堯之爲君也여 巍巍乎아 唯天 爲大시어늘 唯堯則之하시니 蕩蕩乎아 民無能名焉이로다 巍巍乎아 其有成功也여 煥乎아 其有文章이여"

58_논어(論語).

공자께서 말씀하셨다. "크도다, 요의 임금 됨이여! 위대하도다. 오직 하늘만이 그토록 클 수 있나니 요는 큰 하늘을 따라 본받았도다! 넓도다, 백성들이 이름 짓지 못할 만큼! 위대하도다, 요의 공적! 빛나도다, 그의 문물제도!"

요전(堯典)[59]

乃命羲和하사 欽若昊天하고 曆象日月星辰하야 敬授人時하나라 分命羲仲하사 宅嵎夷하니 曰暘谷이며 寅賓出日하여 平秩東作이니 日中이요 星鳥라 以殷仲春이면 厥民析이요 鳥獸孳尾니라

요제는 희씨와 화씨에게 명하여 넓고 넓은 하늘을 삼가 공경하여 따르며, 일월성진(日月星辰)을 관찰하여 역법을 정하여 사람들에게 시기를 알려 주도록 하였다.
희중에게 따로 명하시어 우이(嵎夷, 동방)에 살게 하시니 곧 양곡(暘谷)이라, 해가 뜨는 것을 공손히 손님처럼 맞아서 해가 가운데 위치해서 떠오르고 성조(춘분 시기에 나타나는 종달새)가 나타나면 춘분이라 사람들에게 밭으로 나가 일하게 하고, 새와 짐승들은 이 시기에 새끼를 낳고 기르는 것이다.

[59] 서경(書經).

帝曰 咨汝羲暨和며 朞는 三百有六旬有六月이니 以閏月이라 定四時成歲하야 允釐百工하야 庶績이 咸熙하리라.

요께서 이르시길 아아, 희(羲)와 화(和)여! 삼백(三百)이요, 또 예순이요, 또 여섯 날이니 윤월(閏月)을 두며 사시(四時)를 정(定)하여 한 해를 이루어서 백공(百工)이 힘을 모아 나가면 모든 공적(功績)이 다 넓고 기쁘리라.[60]

---

[60]_ 이 시기가 기원전 2333년, 여기에 서력 2011년을 더하면 4344년이 되므로 지금은 단기를 사용하지 않고 있지만 오천 년 역사를 이야기한다.

술이편(述而篇)[61]

子曰 "述而不作하며 信而好古를 竊比於我老彭하노라"[62]

61_논어(論語).
62_연대표.

나라 이름	황제	연도	서기(기원전)
당(唐)	요(堯)	元	2357
〃	〃	61	2297
〃	〃	70	2288
〃	〃	72	2286
〃	〃	73	2285
〃	〃	80	2278
〃	〃	100	2258
우(虞)	순(舜)	元	2255
〃	〃	32	2224
〃	〃	36	2220
〃	〃	?	?
〃	〃	48	2208

공자가 말씀하시기를, 요순 시대와 하(夏), 은(殷), 주(周)의 문물제도와 예악을 서술(敍述)하였을 뿐 창작은 하지 아니하였다. 믿음으로 옛 제도를 좋아하는 점은 노팽[63]에게 비(比)할 수 있다고 하셨다.

63_노팽 : 은나라의 현자.

안연편(顔淵篇)

子張問 "士何如斯可謂之達矣이꼬" 子曰 "何哉오 爾所謂達者여" 子張對曰 "在邦必聞하며 在家必聞이니이다" 子曰 "是聞也라 非達也니라 夫達也者는 質直而好義하며 察言而觀色하야 慮以下人하나니 在邦必達하며 在家必達이니라 夫聞也者는 色取仁而行違요 居之不疑하나니 在邦必聞하며 在家必聞이니라"

자장(子張)이 "선비는 어떻게 하면 통달했다고 할 수 있습니까?" 하고 묻자, 공자께서 "네가 말한 통달이란 무슨 뜻이냐?" 하고 반문하셨다. 이에 자장이 "나라에서 일을 보아도 반드시 이름이 나고 집에 있어도 반드시 이름이 나는 것입니다"라고 대답하자, 공자께서 "그것은 명성(名聲)이지 통달이 아니다. 참으로 통달한 사람은 질박 정직하고 정의를 사랑하고, 남의 말을 깊이 살피어 이해하고, 또 남의 표정이나 감정을 잘 살피고, 깊이 생각하고 진중한 태도로 남을 겸손하게 대하는 것이다. 그렇게 하면, 나라에 있어서나 집에 있어서나 자유롭게 통달할 수 있다. 그러나 명성을 내기만 하는 사람은 표면으로는 인도를 택하는 듯하면서도 그의 행동은 딴판이며, 그런 위선에 살면서도 아무런 의혹 없이 만족하고 있다. 따라서 이러한 인간은 나라에 있어서도 겉으로는 이름이 나고, 집에 있어서도 겉으로는 이름이 나는 것이다" 하셨다.[64]

64_명성(名聲)과 통달(通達).

중용(中庸)의 덕(德)

子曰 "中庸은 其至矣乎인저! 民鮮能이 久矣니라"

공자가 이르기를, "중용의 이치는 지극하고 극치하다! 백성들 중에 아는 자가 드문 지 오래되었다."

도판 목록

주역 64괘　38

몽유도원도에 실린 성삼문 친필 記　59

오기경천화오운도(五氣經天化五運圖)　74

몽유도원도에 실린 박팽년 친필 序　83

몽유도원도에 실린 이개의 친필 詩　109

몽유도원도에 실린 김종서의 친필 詩　121

見利思義 見危授命 안중근 친필 유묵　170

人無遠慮 難成大業 안중근 친필 유묵　172

歲寒然後 知松柏之彫 안중근 친필 유묵　174

博學於文 約之以禮 안중근 친필 유묵　176

몽유도원도(夢遊桃源圖)　192, 193

몽유도원도 부분 1,2　194

몽유도원도에 실린 안평대군 친필 제시(題詩)　195

몽유도원도에 실린 안평대군 친필 記文　198, 199

훈민정음의 창제 동기와 의의
동국정운

초판 1쇄 발행일 2011년 10월 24일

편역자 이재흥
펴낸이 박영희
편 집 이은혜·김미선·신지항
책임편집 김혜정
인쇄·제본 태광인쇄
펴낸곳 도서출판 어문학사
      132-891 서울특별시 도봉구 쌍문동 525-13
      전화: 02-998-0094/편집부: 02-998-2267
      홈페이지: www.amhbook.com
      트위터: @with_amhbook
      블로그: 네이버 http://blog.naver.com/amhbook
            다음 http://blog.daum.net/amhbook
      e-mail: am@amhbook.com
      등록: 2004년 4월 6일 제7-276호

ISBN 978-89-6184-255-6 93800
정가 36,000원

이 도서의 국립중앙도서관 출판시도서목록(CIP)은 e-CIP홈페이지(http://www.nl.go.kr/ecip)와 국가자료공동목록시스템(http://www.nl.go.kr/kolisnet)에서 이용하실 수 있습니다.
(CIP제어번호: CIP2011004314)

※잘못 만들어진 책은 교환해 드립니다.